商業教育を学ぶ

椎谷福男 著

野島出版

はじめに

　本書を書く動機となったのは、これまで高校・大学で教鞭を執ってきた経験から、今日、わが国の教育が当面している平均教育水準の上昇とともに学歴水準の上昇のなかで専門高校の商業教育のミッションを見出し、どうしたら存続できるかの答えを探し求めたかったからである。

　本来、教育は人間形成を基本としているが、常に社会に対応し、社会の変化とともに自らも改革するものでなければならないことは歴史の発展過程にみられるところである。それゆえ、わが国の新教育制度が昭和22（1947）年に導入されてから約70年の年月を経るなかで、著しい経済成長による豊かさの実現とともに、教育的欲求の拡大が軌を一にして高い進学率を達成している。昭和25（1950）年の大学等の進学率は30.3％であったが平成26（2014）年には53.8％に達成し、さらに専修・各種の高等教育機関へ23.1％の進学率となり、大学等高等教育への進学率は76.9％に達しているのに対し、新規高卒の就職率は17.4％と低い水準にとどまっている。

　フランスの経済学者トマ・ピケティ（Thomas Piketty）は『21世紀の資本』のなかで教育格差と賃金水準の問題の個所で、「現在の高校卒業証書は、いまやかつての小学校卒業証書並みの意義しか持たず、大卒でもかつての高卒と同じ扱い、といった具合だ」と指摘しているように、日本でも同様の事態が発生しているのである。新規高卒の就職17.4％であることは新規高卒の殆どが大学等高等教育へ進学している。このような学歴水準の上昇は専門的な技術・技能の需要において歓迎されるが、一方、供給す

る教育システムにおいては、中学・高校から社会・職業への移行をする生徒は減少しており、学校教育法(第21条、第51条）がめざしている教育内容を身につけた人材の供給は難しくなっている。

今日、わが国の初等中等教育が当面している問題の一つが現行の教育制度における教育基本法や学校教育法がめざしている教育と教育の実態とは乖離しつつあることである。つまり、経済成長による豊かな社会に移行したことから大学等高等教育への進学率の上昇（76.9％）にみられるように学歴水準が上昇していることである。その結果、職場でも知識・技術の高度化とともに学歴水準が上昇していることから、職業選択、賃金、所得などの面で有利な立場に立つためには大学等の学歴を身につけることが大切になっている。それゆえ、よりよい学歴を取得するため、初等中等教育では、よりよい大学等への進学が有利になるよう普通科に学ぶことが重視され、普通科の新規高卒は全体の72.6％を占めており、専門高校の新規高卒は19.0％にとどまっている。また、商業の専門学科の新規高卒は全体の6.4％になっている。

こうした実態をみる限り初等中等教育の趨勢はますます大学等高等教育への進学に焦点をあてた普通科を志望するようになり、職業の専門高校への進学者は質・量ともに低下していくことが想定される。そして知識基盤社会・学歴社会への推移が強まるなかで、学歴水準の上昇は、これまで行われてきた専門高校の教育内容は大学や専修・専門学校等の教育に行われるようになり、初等中等教育段階から消滅していくことが想定される。つまり商業の専門学校がなくなることである。

時代の流れは止めることはできないけれども、せめて今の時点で商業教育の大切さを見直し、どれだけの時間があるか予測でき

ないけれども、社会における人間の経済生活にとって商業のもつ原理・原則、思考方法などによる商業教育が果たしてきた役割の大切さについて再考してみたくなったこと、今ひとつは、歴史上にみられる豪商の果たした事績から、金儲けだけでなく、社会の近代化や文化の振興になどに大きな貢献を成したことは現代にも通じるものがある。そうした豪商の夢をもつ人間を少しでも今の商業教育から輩出することができないだろうか、というはかない夢物語を試みたのが本書である。

第1章では21世紀の商業教育の視点として当面している教育の現状と課題について取り上げ、なかでも商業教育のパラダイム・シフトの要因と新・流通革命の進展がどのように商業教育の変化をもたらしているかについて述べる。

第2章では、商業教育の意義と目的および理念について、伝統的商業教育から継承している内容と時代の変化とともに新しい内容の樹立の必要性の観点から21世紀の社会・経済の発展に対応したあり方を取り上げている。

第3章では、新教育制度の施行からわが国の経済成長と商業教育の変容の軌跡を取り上げるとともに、第二の産業革命といわれるIT（情報技術）革命が社会・経済及び産業活動に大きな影響を与えるなかで、流通産業の新たな展開に対応した商業教育の新しいビジネスコンセプトの導入と展開と商業教育における新たな人材観について取り上げることにした。

第4章では、新教育制度の導入に伴う高等学校学習指導要領が公布されてから、わが国の経済成長による所得水準と平均教育水準の上昇によって、どのように高等学校学習指導要領改訂が行われてきたかを歴史的経緯から分析し、21世紀における商業教育の「商業の目標」について論述したものである。

第5章では、これからの商業教育の革新と課題について、商業教育を解体するのではなく現代化する視点から商業の原理・原則、ビジネスコンセプトのあり方を問い、商業教育の現代化への道と商業教育がめざす人間育成において重視する資質・能力が知能指数的な優秀さだけでなく、「仕事術」に長けた人材の育成をめざすことがこれからの商業教育の人材観であり、特徴であることを述べている。

　第6章では、平成26年新規高卒就職者は新規高卒全体の17.4％であって、学校から社会・職業への移行を行う生徒は少なくなっている。また、専門高校の新規高卒者の社会・職業へ移行する生徒は17.4％であり、キャリア教育の新たな視点が必要になっている。長期的には現在の高校教育がめざしている「生きる力」をはぐくむ一環としてキャリア教育をどう推進するかが重要になっており、21世紀におけるキャリア教育のあり方について論述している。

　第7章では、今日のわが国社会の学歴上昇社会にあって、中学・高校における進路指導は、有名大学、有名企業へのコースをめざして偏差値を重視した普通化志向の教育が展開されている。フランスの経済学者であるトマ・ピケティ（Thomas Piketty）は『21世紀の資本』（2014）年において資本主義の根本的矛盾（$r>g$）[注1]を示すとともに教育的格差の問題にも触れ、経済成長は平均教育水準の上昇をもたらし、職場でも学歴水準が求められることから大学等高等教育への進学を希望する人は増加し、その過程で教育的格差も生じるといっている。普通高校と専門高校との格差には言及していないが、現在のわが国の教育制度では

　（注1）不等式（$r>g$）のrは資本収益率、gは経済成長率である。

専門高校における教育は大学等高等教育への進学は不利なことから敬遠されつつある。こうした事態にどのように対処した進路指導が必要であるかについて論述している。

商業教育を学ぶ　　目次

はじめに 3

序章　商業教育をどう現代化するか 13
1. 商業教育を解体するのではなく現代化する 13
2. 商業教育のパラダイム・シフトを有効に活用する 15
3. 大学等進学率の上昇による専門高校の役割を明確にする 19
4. 「商業ビジネス」のスペシャリストを育成する 23
5. 地方創生を担う商業人を育成する 27

第1章　21世紀の商業教育の視点 32
1. 現状と課題 32
   (1) 高学歴社会の進学率の上昇は経済成長に寄与する 32
   (2) 製造小売業が流通産業の旗手となる 33
   (3) 才覚のある「仕事術」に長けた人を育成する 35
2. 商業教育のパラダイム・シフトを活用する 38
   (1) e-コマースとe-ビジネスが商業ビジネスを革新する 38
   (2) 商業教育の新たなポジショニングを確立する 39
   (3) 商業教育の人材育成観を現代化する 41
3. 商業教育の対象領域の明確化を図る 45
   (1) 商業教育は流通・経済主体の課題を解決する 45
   (2) 高度経済成長の終焉が商業教育を原点回帰させる 48
   (3) 情報化が商業ビジネスコンセプトを登場させる 50
4. 新・流通革命が商業教育の現代化を推進する 52
   (1) 流通革命の原点は流通の合理化・効率化にある 52
   (2) 新・流通革命が商業の新たなコンセプトを生む 54
   (3) ネット販売は商業機能のグローバル化を推進する 56
5. 21世紀の商業教育は新しい商業ビジネスを展開する 58
   (1) 流通産業の革新に対応した商業教育を構築する 58
   (2) 商業教育は成熟消費革命を推進する 60

（3）「商業の目標」の整合性により人材を育成する　61

第2章　現代商業教育の意義と目的　64

　1．現代商業教育の意義　64
　　（1）商業教育の特性を生かした人間形成を推進する　64
　　（2）商業のスキルの習得がキャリア形成に資する　65
　　（3）流通革新の旗手となる人的資源を供する　66
　　（4）新しい商業ビジネスのコンセプトを確立する　69
　　（5）商業のミッションを果たす人材を育成する　72
　2．現代商業教育の目的　74
　　（1）個性重視の原則で商業教育の特色を生かす　74
　　（2）商業教育は国民生活の向上と経済成長に寄与する　77
　　（3）商業ビジネスのスペシャリストを育成する　78
　　（4）地方創生のアントレプルヌールを育成する　81
　　（5）商業ビジネスの国際化を推進する人材を育成する　83
　3．現代商業教育の理念　84
　　（1）産業経済の発展と豊かな社会の実現をめざす　84
　　（2）商業ビジネスを通じて自己実現を図る　86
　　（3）独立自尊の商業人として社会に貢献する　90
　　（4）海外市場に開拓精神を有する人材を輩出する　93
　　（5）地域商業を振興する起業家を育成する　96

第3章　新教育制度と商業教育の展開　98

　1．新しい商業教育への革新　98
　　（1）新教育制度の発足期の商業教育　98
　　（2）第1回高等学校学習指導要領の公布　99
　　（3）商業教育の経営管理教育への傾斜　101
　2．高度経済成長期の商業教育の変容　102
　　（1）商業教育の拡大と多様化　102
　　（2）商業教育の拡充から集約化への転換　104
　　（3）情報化の進展と商業教育の変容　106
　3．商業教育から商業ビジネス教育への転換　108
　　（1）商業教育にビジネスコンセプトの導入　108

（2）商業機能とビジネス（事業）機能の融合　109
　　（3）国際感覚のある商業スペシャリストの育成をめざす　112
　4．商業の目標・科目についての再考　114
　　（1）学習指導要領の「商業の目標」のとらえ方　114
　　（2）「ビジネス基礎」科目の指導の留意点　116
　　（3）商業教育のフォーカスとなる専門科目の重点指導　117

第4章　現代商業教育の目標・科目の変遷　120

　1．経済の復興・再建期（1945〜1954）年　120
　　（1）新教育制度の発足と商業教育　120
　　（2）昭和25年高等学校学習指導要領公布　120
　　（3）昭和31年高等学校学習指導要領改訂　122
　2．経済の高度成長期（1955〜1973）年　123
　　（1）昭和35年高等学校学習指導要領改訂　123
　　（2）昭和45年高等学校学習指導要領改訂　125
　3．経済の安定成長期（1974〜1989）年　127
　　（1）昭和53年高等学校学習指導要領改訂　127
　　（2）平成元年高等学校学習指導要領改訂　129
　4．経済の高度情報化展開期（1985〜）　131
　　（1）平成11年高等学校学習指導要領改訂　131
　　（2）平成21年高等学校学習指導要領改訂　134

第5章　商業教育の革新と課題　139

　1．わが国商業の歴史的素描　139
　　（1）わが国の伝統的な商業の原型　139
　　（2）わが国の伝統的商業のルーツ　140
　　（3）わが国の現代的商業のはじまり　141
　　（4）現代的商業の流通産業化への道　142
　　（5）現代的商業教育の活動領域を明確化する　145
　2．商業教育に求められる資質・能力の変化　154
　　（1）商業教育はスペシャリストの基礎・基本を培う　154
　　（2）商業教育の現代化が求める資質を涵養する　156
　　（3）商業教育は適時性を尊重した人間形成をめざす　159

3．商業教育改善の視点　161
　（1）「商業ビジネス」のコンセプトを確立する　161
　（2）新・流通産業に対応した知識・技術を習得する　162
　（3）国際感覚と独立自尊の商業人を育成する　165
4．商業教育の21世紀への挑戦　167
　（1）時代に合った商業教育の現代化を実現する　167
　（2）現代的商業ビジネスの知識・技術体系を確立する　170
　（3）地域商業の振興を担う人材を供給する　173

第6章　キャリア教育と商業教育の課題　176

1．時代の変革とキャリア教育　176
　（1）学校教育にみるキャリア教育　176
　（2）商業・ビジネスと自己実現　178
　（3）職業観・勤労観とキャリア教育　180
2．新しいキャリア教育の理念　181
　（1）教育の目的とキャリア教育　181
　（2）個性重視とキャリア教育　184
　（3）偏差値の偏重とキャリア教育　188
　（4）受験競争とキャリア形成　191
　（5）新しいキャリア教育の理念　195
3．キャリア教育の新たな視点　198
　（1）キャリア教育の課題　198
　（2）高校義務教育化とキャリア教育　200
　（3）時代思潮の変化とキャリア教育　204
　（4）キャリア教育と「生きる力」の育成　206
　（5）社会・職業的自立と自己実現　210

第7章　商業教育と進路指導の革新　214

1．進路指導の現状と課題　214
　（1）進路指導の意義　214
　（2）進路指導の新たな視点　216
　（3）商業教育の性格と進路指導の有効性　218
2．生きることは働くことの定義　220

（1）個性の尊重と自己探求　220
　　　（2）学校教育と進路選択　222
　　　（3）進路指導と職業指導力　224
　　3．進路指導と自己実現への道　225
　　　（1）自己実現の基本概念　225
　　　（2）自己実現の欲求階層説　226
　　　（3）進路指導と自己実現　229
　　4．進路選択と進路指導　233
　　　（1）大学の大衆化と高学歴社会　233
　　　（2）進路選択と受験キャリア　234
　　　（3）進路選択と個性・適性　240
　　　（4）キャリア教育と「生きる力」　244
　　　（5）進路指導と教育の適時性・継続性　246

あとがき　248

索　引　251

【図表目次】

〔図1-1〕GDPに占める各産業の割合（1980～2010年）　47
〔図1-2〕ネット通販と店頭販売の市場規模の推移（平成10～24年）　57
〔図2-1〕小売業の国際展開の現状（2012年）　83
〔図6-1〕大学への進学率（1954～2014年）　185
〔図6-2〕子どもに受けさせたい教育 経年比較（平成7～12年）　201
〔図7-1〕A.H.マスロー 欲求の階層説図　227

〔表1-1〕高等学校卒業者の進路状況（平成25年）　32
〔表2-1〕高等学校卒業者の進路状況（学科別）（平成26年3月）　67
〔表2-2〕日本のフリーター・ニートの推移（平成21年）　89
〔表3-1〕科目の整理統合対応表（昭和53年）　105
〔表3-2〕商業に関する教科の組織（昭和53年）　106
〔表5-1〕卸売業の業種別年間商品販売額（平成26年）　145
〔表5-2〕小売業の業種別年間商品販売額（平成26年）　147
〔表5-3〕事務所数、従業者数及び年間商品販売額（平成26年）　172
〔表6-1〕専門的技術的職業従事者（平成25年）　179
〔表6-2〕国・公・私立大学数と学生数の推移（平成25年）　202
〔表7-1〕知能と職業のマトリックス　223

序 章　商業教育をどう現代化するか

1．商業教育を解体するのではなく現代化する

　文明の発達は時代を越えて社会・経済や人間の生き方や価値観に大きな影響を与えることは歴史上に多く見られることである。今日の科学技術の発達や先端技術による技術革新を推進している第2の産業革命といわれるIT（情報技術）革命は、社会・経済・産業・企業のあり方や社会的構築物を進化させるとともに人間の働き方に変化を与え、人間の生き方や価値観を大きく変化させている。また、豊かさは成熟消費時代となり、人びとの消費需要のあり方を大きく変容させている。

　なかでも特徴的な事象は、技術や産業が他の分野と結合し、新たな産業を創造したり、従来の産業分類の業態から新たな機能を有する複合的な産業へと変容した企業として、SPA（speciality store retailer of private label apparel）による自ら生産し、自ら販売する製造小売業が出現したことである。これらの従来の産業分類を越えた複合的産業の活動においては、商業資本の活動とされていた商品の生産から相対的に独立したかぎりにおける流通を対象とした商業活動だけでなく、商品の生産プロセスを有し、経営資源を投入して経済価値を生み出す事業（ビジネス）活動を同時に行うものである。したがって、商品の企画開発から原材料を調達し、製造から販売・物流を自ら行うものであり、生産と消費を結ぶ機能をめざしていることからマーケティングや経営管理が重要な意味を持っている。それゆえ、製造小売業は日本標準産業分類・大分類では「卸売・小売業」に分類されているが生産と消費を結ぶ流通チャネルを大きく変革させている。本来、消費があっ

ての生産・流通であり、今日の成熟消費社会時代を迎えて、消費の変化に対応して流通企業もまた自ら変革を求められているといってよい。

こうした商品の生産から消費に至る流通のしくみは、インターネットを主体とした情報テクノロジーの発達と応用によって変化しつつあるが、その根本は商業資本を中心とする商業の機能と、産業資本を中心とするビジネス（事業）の機能とが融合して展開しつつあることである。したがって、伝統的な商業教育のフォーカスがボケているのではないかという懸念である。つまり、現行学習指導要領改訂にみる商業の目標において、商業活動か、ビジネス活動か、という問題である。

ひるがえって、そもそも商業教育が持っている本質とは何だったのか、という問いが生まれてくる。明治17年（1884）年「商業学校通則」が公布されてから始まる公的な商業教育が目指していた原理・原則は、時代や社会・経済が変わっても、人間の経済生活が存続する限り、物財の生産と消費を結ぶ売買・流通活動は不可欠である。それらの行為は単に商品を右から左へ移動するだけの行為ではなく、利益を得ることをめざすなかで、消費がどこにあるかを先取りして、それを充足させるものがどこにあるかを探し求める情報力と鋭敏な商才、先見性、実行力を持った人びと（商人）によって行われることが基本になっている。つまり、商業の基本となっているのは商品の売買によって利益を得ることが原理・原則である。物事の原理・原則はシンプルでいい、といわれるように、商業教育の本質や原理・原則はシンプルでよく、それは商品の売買によって利益を得る行為であるということができる。商業教育のフォーカスがボケて見えるのは、商業の本質や原理・原則を見失うことであり、今日の商業教育からビジネス教育

への転換である。しかし、商業教育において、「商業」か「ビジネス」かの問題ではなく、一般に学問研究が社会経済の進展とともに新たな学説や理論が生まれてくるように、商業教育においても産業経済の変化に伴い新たな思考形態や理論体系が生まれても不思議ではない。つまり、旧来の「商業」や「ビジネス」の定義やコンセプトは時代の変遷とともに変化するものである。例えば、現在の産業経済社会に見られるSPA・製造小売業の出現や第四次産業革命ともいわれる、消費者と工場を結ぶ高度なモノづくりを行う「IoT」(インターネット・オブ・シングス)というビジネスモデルの登場など産業界は変貌しつつある。こうした現象を見る限り、事業活動は商業機能とビジネス機能が融合されており、「商業」と「ビジネス」を区別して考えることは難しく、「商業ビジネス」という新しいコンセプトが必要である。それゆえ、商業教育において「商業ビジネス」の新しいコンセプトを確立することも商業教育の現代化の一つである。また、時代の要請から、商業活動に関わる人材供給のあり方において、「商業高等専門学校」(仮称)の設置が求められることも想定される。

2．商業教育のパラダイム・シフトを有効に活用する

　教育は本来に生きる人間を育成することを通じて、未来を創造する最も基本的な営みであるといわれるが、そのためには教育は常に時代の変化とともに改革されていく必要がある。商業教育においても、社会に貢献できる教育として自らを改革して信頼されるものでなければならなく、生産・流通・消費の変化に対応して自らの変革が求められている。

　商業教育は、教育基本法の精神に則り、学校教育法のもとで普

通教育に関する教科・科目の履修とあわせて専門教育（商業）に関する教科・科目を履修することに特色を持っている。それゆえ、教育本来の目的である人格の完成と人間形成を目指し、一人ひとりの個性を尊重して可能性を伸ばし、自主・自律の精神、規範意識、正しい勤労観・職業観、公正な判断力などを涵養し、有為な人間の育成という側面と、専門教育として商業に関する専門的知識や技術・技能の習得と商人的才覚である先見性、機敏性、実行力、企業家精神などを身につけ、果敢に挑戦していく気質を有する人間を育成する側面との二つが統合されて教育が行われるところに特徴がある。

このような性格を有する商業教育が対象とする今日の産業や経済は科学技術や先端技術の進展及び第2の産業革命ともいわれるIT（情報技術）革命に伴い、産業構造は高度化するとともに技術や産業が他の分野と結合して新たな産業を創造し、従来の産業分類を超えた複合的な産業が発展してきている。例えば小売業であるファーストリテイリング（ユニクロ）は小売業であるが、SPA (speciality store reteiler of private label apparel) による自ら商品の開発・製造を行い、自ら販売する「製造小売業」（日本標準産業分類では卸売・小売業に分類）である。それゆえ、企業組織に経営資源（ヒト、モノ、カネ、情報）を投入し、経済価値を生み出す産業資本による事業（ビジネス）と、商品の販売に関わる商業資本の運用からなり、全体の企業活動はビジネス（事業）活動と商業活動が統合された企業体である。また、デルコンピューターは顧客からダイレクトの受注生産（build to order）によるSCM（supply chain management）を活用して商品の製造を行い、販売する「製造販売会社」であり、産業資本と商業資本が統合した企業体でもある。

このように、従来の商業が、商品の生産から相対的に独立したかぎりにおける流通を対象としてきたコンセプトは、今日の生産と消費を結ぶ流通に関して、自ら商品をつくり（ビジネス）、自ら商品を販売（商業）する新たな流通産業（retail industry）を対象にした商業教育のコンセプトの体系化が求められているのである。

　また、インターネットを主体とした情報テクノロジーの発達と応用は、時間、空間、スピードなどの概念を変化させ、e-コマースやe-ビジネスなどによる商品の新たな流通形態が生じている。

　このような流通に関わる多様化、高度化した産業活動は、従来の商業教育では対象としてこなかったものであるが、いまや商業教育の対象領域となっている。しかし、商業教育がビジネス志向を強めたからといって、また、商業の専門的知識や技術・技能が産業構造の1次産業、2次産業に属する企業に介在するからといっても、それらの産業・企業活動全体を網羅することは不可能である。それゆえ、商業教育は、基本的に経済循環における流通（商品生産も含む）を担う経済主体として流通産業（retail industry）の活動領域をドメインとした教育を推進していく必要がある。

　こうした流通産業における小売業を中心とした変革は、商品の流通に関わる知識や技術・技能の新たな展開が求められ、その領域を対象としている商業専門学科の教育のあり方において新たな展開を求められることになったのである。

　このような経済・産業活動の変化に対応して、平成11年高等学校学習指導要領改訂・同解説・商業編に示された「商業の目標」では、「ビジネスの諸活動を主体的、合理的に行い、経済社会の発展に寄与する能力と態度を育てる」としている。これは、従来

の"商業の諸活動"から、"ビジネスの諸活動"への変更である。また、「経済社会の発展に寄与する」としているが、経済社会の発展に寄与するのは商業教育だけでなく、農業、工業、水産業、その他産業の教育によるものであって、商業教育が主に対象とする産業分野は流通産業である。したがって、「商業の目標」においては、生産物・商品等の社会的移動に関わる流通産業の発展を通じての経済社会への寄与であり、経済循環である生産・流通・消費における流通を担うものである。それゆえ、商業教育のフォーカスは流通産業を主体にした活動にあると理解することが妥当である。わが国の流通産業の基本とされるチェーンストア理論のもとで展開されている大規模スーパーチェーンやコンビニエンス・ストアは経済学の専門用語として使用されている「規模の経済」による経営の効率化をめざして、プライベートブランド（private brand：PB）の開発が盛んに行われている。また、流通産業の範疇にある製造小売業の展開は新たな経済循環としての生産・流通・消費の形態を構築しつつある。

　こうした生産物や商品の社会的移動の新たな展開は商業教育のパラダイム変化として受けとめ、新たな理論の構築が必要とされるのである。つまり、今日の経済生活を支える生産物・商品の社会的移動は情報通信技術（ICT：information and communication technology）の発達と所得の増大に伴う消費者の価値観の多様化によって選択的消費が増大し、商品を供給するしくみが従来の生産の担当者と新興の流通産業〔製造小売業や大手流通業者によるPB（private brand）商品の開発〕とが混然とした形で行われている。さらに、生産・流通・消費の循環において、流通が拠点となって生産と消費を創造する状況が生まれている。それゆえ、今日の流通産業は消費サイドの欲求の変化をハイキャッチし、生産

サイドへの情報提供と商品の生産を促す役割を担うものである。いや流通を主体とした時代が到来しており、現代の資本主義経済の構造における流通革命が始まっているのである。

　現在の市場では、生産拠点を軸として、「誰がつくり、それを運び、売るか」ではなく、「誰が、何を、何時までに、どれくらい必要としているか」をハイキャッチし、消費者の要望を満たす商品を、適時、適量、適正価格で提供することが必要とされている。これを最もよく実現できるのが流通産業であり、特に製造小売業やPB商品をすすめている大手小売業などである。したがって、これからの市場は従来型の生産拠点を軸としてモノをつくり、運び、売る構造と消費の情報を基軸とした流通が拠点となってモノをつくり、販売するという二層型の新分業システムに移行しつつあり、主軸となっていくのが小売業を中心とした流通産業である。これまでの商業教育では、生産起点の体制のもとにおける商品の流通に関わる機能と役割を中心とした知識や技術で捉えていたが、いまや小売業が生産段階にまで介入し、商品の生産プロセス（PB商品の開発を含めて）と商品の物流・販売プロセスを統合した事業形態をとりながら流通キャプテンとしての地位を確立し、生産と消費を創造する新たな流通産業となっているのである。このような商品の流通に関わるパラダイムの変化に対して商業教育はビジネス（事業）を含めた新たな知識・技術の体系化が求められているのである。

3．大学等進学率の上昇による専門高校の役割を明確にする

　今日、大学・短大・専修・専門学校等の進学率は76.9％（平

成26）年に達し、新規高卒の就職率は17.4％（平成26）年と低い状況になっている。この高い進学率による教育の展開は近代国家にとって望ましいことであり、イノベーションと連動して経済成長の主たる源泉となっているものである。そして、この高い進学率が実現した背景には、わが国経済が成長した足跡が昭和30年代からはじまった高度経済成長の過程を経て現在に至っているものであり、経済成長が長期的には生活水準の大幅な向上をもたらしたのはまちがいなく、その結果の豊かさから教育的欲求の拡大が可能となって今日の高い進学率が実現されているとみることができる。

　この経済成長と豊かさについて、フランスの経済学者トマ・ピケティ（Thomas Piketty）は『21世紀の資本』（2014）年のなかで、単年度の年率1.5％の経済成長率であっても、30年単位でみると累積成長率は50％以上になる。それゆえ、経済成長が長期的にみると生活水準の大幅な向上をもたらしていることはまちがいない。[注1] わが国の経済成長と生活水準の向上についても昭和30（1995）年代にはじまる高度経済成長と生活水準の向上は、昭和60（1985）年までの30年間についてみると、経済の累積成長率は390％（名目）にもおよび、国民総支出額は8,627（10億円）から325,370（10億円）へと38倍に増加している。また、大学等への進学率も17％～50％に増加している。現在（2016）年の大学等高等教育機関への進学率76.9％も、過去30年間のスパンでみる経済の累積成長率からもたらされた生活水準の向上による教育的欲求の拡大は必然的なものとみることができる。

（注1）トマ・ピケティ著、山形浩生他訳『21世紀の資本』みすず書房、2014年、101頁

しかし、技術の進歩を伴う経済成長は大規模な社会構築物の進化と社会改革をもたらすとともに、ライフスタイルと雇用の面にとって大規模な変化を意味する。経済成長は常に新しい財やサービスを創出するけれども、経済・産業における技能の需要と供給の関係において、技能を持つ労働者の供給は教育システムによって決まり、他方、技能の需要はテクノロジーによって決まることである。例えば会計事務等はコンピューターがないときは多くの労働者が担当していたのが、そういう単純な事務作業は情報テクノロジーの発達と応用によって需要が減り、その一方でソフト開発やシステム設計をするスペシャリストの需要が増えている。こうした現象は、産業のあらゆる分野に起こっており、雇用の構造に強力な影響を与えている。つまり産業構造が知識基盤化への度合いを高めていることから、労働力を供給する教育サイドにおいても変化が求められることになる。

　すでに指摘したように、現在の新規高卒者の大学等高等教育機関への進学率は76.9％と高く、就職率は17.4％と低い状況をみても高学歴社会へ推移していることが分かり、教育サイドから供給する労働力の変質が求められているといってよい。

　こうした高学歴化社会および高度知識基盤化する成熟社会が続くかぎり高い進学率の状況は継続していくことが想定される。また、産業社会においては科学技術の進歩によりテクノロジーの発達と応用がすすみ、専門的な知識や技術をもったスペシャリストの需要が拡大し、単純作業のできる労働者（サービス業は別として）の需要は減少していくことが想定される。このような雇用構造が変化するなかで、商業の専門高校の新規卒業者総数は67,064人（平成26年）であり、そのうち就職者は41.9％（28,000人）で新規高卒者全体の2.6％にとどまっている。こうした傾向のも

とで、さらに商業の専門学科の新規卒業者は減少していくことが想定され一方において大学・短大、専修各種学校等への進学者は増加していくことが予想される。したがって、大学等高等教育機関への進学に配慮しつつ、商業教育の特質とされる先見性、才覚、知恵、実践力などを涵養する教育であることが望まれる。

具体的には、高校卒業に必要とされる履修単位は74単位であるが、専門高校の教育課程では74単位のうち25単位の専門教科・科目の履修が必要と規定されている（商業の専門学科では5単位まで外国語に代替できる措置がある）。したがって、普通高校の教育課程と比較して25単位の専門教科・科目を履修しなければならないから、普通科目の履修が少なくなり、大学等への進学に際して不利になる。そのため専門高校への進学が敬遠される。

そして、商業の専門高校から商経関係の大学・学部に進学した場合、専門高校で履修した専門教科・科目の25単位は、多くの大学で編成しているカリキュラムにおいて、入学する学生の大多数が普通高校からの入学者であるため考慮されることはない。つまり、大多数を占める普通高校からの入学者を対象にしたカリキュラムが編成されており、商業の専門高校から入学した学生には配慮されていない。それゆえ、商業の専門高校から入学した学生は、大学の1・2年における商経関係の基礎的な科目の履修において重複することになり、専門高校から入学した学生にとって無為な時間となる（なかには、この時間を有効に活用している学生もいる）。

こうした事態は、大局的にみれば些細なことかも知れないが、商業の専門高校から大学進学者が増大しつつあることを考えれば何らかの対策が講じられる必要がある（一部の大学では簿記、会計や情報処理、経済、経営関係の科目について高校在学中に資格・

検定を取得した学生に対しては、該当科目に代替措置を講じている例もみられる)。現在の専門高校から大学進学の受験に際しては、大学入試センター試験、AO（admissions office）入試、[注2]一芸入試などにおいて科目の代替や資格・検定の取り扱いに配慮されているが、普通科の優位性は有利に働いている。

また、今日の産業界では専門高校で学んだ人材に対する評価が高まりつつあることから、平成25年に「教育再生会議」では、大学入試改革のなかで、簿記などの資格検定試験も学力試験と同じ扱いで大学入試に利用するよう、各大学に求めていく方向で検討されている。この資格検討試験が「学力水準の達成度の判定と同等に扱われる」となれば、専門高校に学ぶ生徒にとって大変喜ばしいことであり、専門高校の振興にもつながる。

4．「商業ビジネス」のスペシャリストを育成する

平成26（2014）年3月の新規高卒者総数は1,047,392人であり、このうち就職者は181,195人（17.4％）である。新規高卒者の76.9％が大学、専門学校等高等教育機関へ進学しており、学校から社会・職業へ移行する就職者は減少傾向が続いている。こうした状況の中で商業・専門高校（商業科）の新規卒業者総数は67,064人であり、このうち就職者は27,967人（41.9％）であり、大学等へ53.5％が進学している。

これまでわが国の産業界への新規学卒の供給は、1990年の半ばまでは「新卒といえば高卒」といわれたように、当時では新規

（注2）内申書、活動報告書、学習計画、志望理由書、面接、小論文などにより合格を選抜する。

高卒就職者65万人に対して、新規大卒就職者は32万人位であった。ところが平成26年では新規高卒就職者は約18万人に対して新規大卒者は約37万人となり、新規高卒就職者の2倍以上になっている。

こうした状況から次の二つの問題が生じている。第1は、専門高校（商業・専門学科）から大学等への進学者の増加に伴い、商業・専門学科に学ぶ生徒の成績の優秀者が多く大学等へ進学することから、就職を希望する生徒の質的低下を免れず、企業等が期待する労働力として応えられないことから評価が小さくなる。このことが専門高校の教育に対して社会的にも魅力がなくなり、中学校から専門高校へ進学していく生徒の能力・適性の低下につながる悪循環をもたらしている。いわゆる従来の専門高校に学ぶ生徒のスペシャリストのイメージがなくなっているのである。

第2は、科学技術の発達及び技術革新展やIT化によって、技術と産業が他の分野と結合し、新たな産業を創造したり、従来の産業分類を超えた業態が出現するなど産業構造は多様化と高度化が進むとともに、サービス業が産業構造に占める比率が1位と主役となりつつある。こうした第3次産業の拡大とともに職業の裾野が拡大と専門化が進み専門的知識や技術・技能を身につけたスペシャリストの需要が増大している。こうした変化は、高度な専門的知識や技術・技能を有する新規大卒者を積極的に雇用するようになり、新規高卒者の職場が狭くなりつつある。したがって、商業の専門高校からの新規高卒者の役割は中小企業や比較的に大企業が集積していない地方の産業振興や地域の商業振興に果たす人材として注目されている。

そうした意味から<u>地方創生の役割を担う一端として今後の商業教育を見る必要がある。</u>

商業教育は、どんな人間の育成をめざしているのか。基本的には、教育基本法の精神に則り、人格の完成をめざし、平和的で民主的な<u>国家及び社会の形成者としての必要な資質</u>を備えた心身ともに健康な国民を育成することにある。商業教育の人材育成はこの趣旨に沿って商業の専門学科として、産業教育の一環をなし、<u>産業社会の形成者としての必要な資質</u>を備えた心身ともに健康な人材の育成をめざしている。

　いま、この産業社会の形成者としての必要な資質はどのようなものであり、商業の専門学科として育成する知識や技術・技能を身につけた人材観はどのように捉えたらよいかの問題がある。

　理科教育及び産業教育審議会（理産審）は1998（平成10）年に「今後の専門高校における教育の在り方について」（答申）を行っている。この答申の中で、専門高校の果たす役割と意義について、「今後の社会においては、自ら考え、判断して行動できる資質や能力を持つとともに、高度の専門的な知識や技術・技能を有する人材（スペシャリスト）が必要とされると思われる」とし、「今後の専門高校は、このようなスペシャリストの基礎を培うという役割を担うことが期待される」として専門高校における教育の位置づけを提言し、人材育成の在り方を示している。

　また、生涯学習の視点から、近年の科学技術の進展等に伴い、産業界において必要とされると専門的知識や技術・技能は高度化するとともに、従来の産業分類を超えた複合的な産業が発展してきている。これまでの卒業後すぐに特定の分野の産業に従事することを前提にした教育課程では、社会のニーズや生徒の希望に十分対応できなくなっている。すなわち、生涯にわたって学習する意欲と態度を育成するとともに、基礎となる知識や技術・技能、学び方などを確実に身につけさせることを重視した教育の在り方

を検討する必要があるとしている。

以上の提言から想定される専門高校が育成する人材は、職業生活として必要とされる専門的知識や技術・技能を身につけた、特定の分野の産業・職業を対象とした人材の育成ではなく、広くの産業に適応して働くことのできる基礎・基本を身につけたクラーク[注3]の育成をめざしており、「職業人」と規定されている。

こうした視点は、現在の大学等への進学率が約80％におよび、進学に不利とされる専門高校に進学してくる中学生は質的に低く、量的にも減少しており、従来のような専門的知識や技術・技能を身につけた人材の育成は難しくなっているという観点からである。こうした専門高校における専門学科の捉え方は、産業教育として特徴のない、ますます魅力のない教育として推移していくおそれがあり、産業社会への人材の供給の面からも支障をきたすおそれがある。

また、現行学習指導要領改訂・同解説・商業編においても、商業教育が育成する人材観として、「職業人としての倫理観や遵法精神、起業家精神などを身につけ、ビジネス活動を主体的、合理的に行い、地域産業をはじめ経済社会の健全で持続的な発展を担う職業人を育成する観点から教科の目標の改善を図った」と記述している。

こうした捉え方においては、商業教育が対象としている、商業のフォーカスは何か、の言及がなく、商業教育の本質や原理・原則は何か、産業社会に果たす商業の役割などが明確でないことから「商業人」でなく「職業人」という表現になっているとみることができる。そもそも、商業教育の対象を経済社会とする捉え方

(注3) クラーク（clerk）：（会社の）事務員、（小売店の）店員

は、経済社会を構成しているものは、農業、工業、商業、水産業をはじめ多くの産業からなっており、それらの活動を商業教育が網羅することは不可能である。商業教育のフォーカスは、商品の生産から消費を結ぶ売買（一部生産）を中心とした流通が基本になっており、主に流通産業（retail industry）を中心とするものであり、そこに働くのは「商業人」であり、国内外の市場を対象に展開するものである。

　また、人材育成に関して、商業教育の特色として、現行学習指導要領改訂の中で、専門学科における専門教科・科目について、すべての生徒に履修させる単位数は25単位を下らないこと。ただし、商業に関する学科においては、上記の単位数の中に外国語に属する科目の単位を5単位まで含めることができることを規定している。その理由については商業教育に携わる人びとの間で論議されていないようであるが、この措置は商業教育の特徴を示す一つのポイントである。つまり、商業の機能は商品の売買・商取引行為を主体として生産と消費を結ぶ流通を担い、利益を求めるものであるが、その市場は国際的な海外市場とし、多くの外国人を含む人びとと商品等の売買を行うものであり、コスモポリタン的な性格を有している。現在における海外諸国に事業展開している小売業や製造業は多くみられるように、商品や物財の売買取引は国際市場を通じて盛んに行われている。そうした国際化の時代にふさわしい人材の育成も商業教育の使命の一つとみることができる。

5．地方創生を担う商業人を育成する

　一般に、経済成長の主たる源泉は教育としてイノベーションに

包括的に投資されるかにかかっている。教育への投資はイノベーションに対応した有為な人材を供給することが必要であり、イノベーションは科学技術の発達による技術革新の進展によって産業構造の高度化、効率化、合理化などによって、よりよい生産体制を構築することをめざしている。それゆえ、教育とイノベーションは常にインタラクティブの関係にあり、それぞれが有効な展開を図る努力が求められている。

　こうしたことから、経済循環の生産・流通・消費において、商業の専門高校の教育のあり方は主に流通領域を対象としていることから、科学技術の進展に伴う情報テクノロジーの発達と応用による産業経済のソフト化、サービスによる高度の専門的知識や技術を有するスペシャリストの養成とは趣を異にしている側面がある。つまり、科学技術の進展と情報テクノロジーの発達と応用は、従来、ホワイトカラーといわれる人びとが担当していた職業・仕事がコンピューターによって代替されるようになったことから、事務処理は単純労働化されるとともに労働量も減り、企画開発やシステム開発、マーケティング戦略などの高度のテクノロジーを有する人材が求められるようになってきたことがいえる。また、今日の成熟消費時代における生産と消費を結ぶ流通システムの改革に必要とされる労働者の資質・能力はマーケティング志向のもとで大きく変化している。

　一般的に労働者に求められる資質・能力としては、学習指導要領に示されている「生きる力」の内容と類似しており、
（ア）課題に対して主体的に取り組む能力
（イ）企画力や創造力などクリエイティブな能力
（ウ）優しさや思いやりといったものを含めた人間としての感性
などを備えていることが大切である。これらの能力は、どんな職

業においても、普遍的に要求されるものである。しかし、現実における職業領域においては、求められる職能が異なり、生産分野、流通分野、消費分野などに働く人びとにおいては、それぞれの分野に貢献する実践的な資質・能力は異なっている。

　商業の専門高校に学ぶ生徒に求められる資質・能力は、主に流通業界（卸・小売業）を主体としており、単にモノづくりの資質・能力ではなく、商売、つまり「商売気質」を持ってモノを売買する、機を見るに敏なる資質・能力などである。特徴的には、商売は博奕打ちと同じで度胸がなければならないといわれるように、商機に対して果敢に挑戦する度胸が必要とされることである。そして大切なことは、商売を、ただの金儲けの観点からだけでは考えず、人の営み（生活）を豊かにするものというふうな考えに立つことが商売の真理である。

　今日の流通業はICT（情報通信技術）革命によって、単に商品の生産から相対的に独立したかぎりにおける機能だけでなく、卸・小売り機能とともに商品の企画・製造を行うプロセスを有し、物流や販売を行う「製造小売業」の業態へと変化している。また、百貨店や大手スーパーではPB商品（自主企画）の開発を含めた新たな機能を有する業態へと変化している。つまり、現在の流通業は単なる商品の売買に関わる行為だけでなく、付加価値を生む商品の製造プロセスを有し、商品の販売による商業利潤を合わせもつものである。

　このような流通業界に求められる人材としての資質・能力は、商品の生産に関わるテクノロジーとイノベーションが必要とされるとともに物流やマーケティング力を有することが重要になっている。大手流通業として代表的なセブン＆アイHD鈴木敏文会長は、自社の人材について、「今の時代に本当に求められている仕

事の仕方、真の"仕事術"を示すことである」とし、重要なのは、「知能指数的な優秀さ」ではなく、「どういう考え方で仕事をするか」にあるといっている。そして、「知能指数的な優秀さ」で言ったら、よその会社の方がたくさん優れた人がいるでしょう。それより重要なのは、一人ひとりがどういう考え方で仕事をするか、仕事の取り組み方です。その方向づけをしっかり行うことが重要である。(注4)

こうした観点から、現在の商業の専門高校に進学していく生徒の実態から見た場合、中学校の進路指導にみられるように、知能指数的偏差値を主体とした指導のもとで進学する高校が振り分けられ、偏差値によって普通高校の序列が決まり、専門高校へ進学してくる生徒は知能指数的には高くないのが実態である。

この背景には、今日のわが国社会が高学歴社会へ移行し、大学等高等教育への進学率の上昇にみられるように、高い学歴を有することが就職や収入等において有利であることが想定されており、普通高校に学ぶことが大学等への進学に有利であり、専門高校への進学は不利だからである。

また、現在の産業構造の高度化・多様化の進展から、専門高校の教育内容や知識・技術等では有効な労働力となり得ない側面を有しているといわれ、有名大企業や大手金融機関等では就職の門戸が閉ざされている傾向があることが専門高校の魅力を失っている一因とみることができる。

しかし、商業の専門高校で育成する人材は流通業の経済的特徴からみれば、流通業に働くことは、将来において職業・仕事を通

(注4)勝見明著『鈴木敏文の「本当のようなウソを見抜く」』ダイヤモンド社、2005年、4～5頁)

じて自己実現への道を考えた場合に、専門高校に学ぶ生徒は知能指数的な優秀さにやや劣るかも知れないけれども、流通業に必要とされる人間の有する多様な適性・能力、商売の才覚、知恵、創造力などを駆使する「仕事術」を有することによって多大の成果を上げることを考えれば、商業の専門高校における人材育成は将来の夢を托すことのできる教育として位置づけることができる。

　つまり、今日の進化した文明による豊かな社会における経済生活を潤いと充実・向上させていくためには、時代のパイオニアとなって事業活動を行う人びとが不可欠である。例えば、ユニクロ（ファーストリテイリング）は流通産業のパイオニア的な存在であり、そこに働く人びとの意識・感性は「独立自尊の商業人たれ」をモットーとした、志高く、商売の道に尽くす働きをしているという。商業の専門高校の教育の原点は、商業に関する専門的な知識・技術・態度を学び、商売に必要な才覚、知恵、感性などを体得することも必要であるが、時代のパイオニアとして独立自尊の商業人（職業人）になる意識をもち、社会に貢献していく人材をいかに育成していくかにある。

第1章　21世紀の商業教育の視点

１．現状と課題

（1）高学歴社会の進学率の上昇は経済成長に寄与する

　いつの時代においても、社会・経済の変化はつきものであるが、商業教育が当面する課題の一つが高学歴化社会の到来と大学等高等教育機関への進学率の上昇によって、初等中等教育において普通科に学ぶ生徒が増大し、専門高校の職業科に学ぶ生徒が減少していることである。この背景には、今日の高学歴社会では、学歴が将来の人生や生活のあり方に深くかかわっているという社会思潮があり、それが所得水準の上昇による教育的欲求の拡大となって進学率の上昇につながっている。つまり、わが国の大学数は国公立180、私立600、合計約780の大学があり、入試制度の多様化などによって大学への門戸は広くなっているけれども、一流大学などステータスの高い有名大学への入試は難しく激しい受験競争が展開されている。高学歴社会におけるパスポートは、一流大学、一流企業、一流のライフデザインへの道を可能にすると想定

〔表1-1〕高等学校卒業者の進路状況（平成25年度）

学科	生徒数(人)	構成比(%)	大学等(%)	専修・各種(%)	就職(%)	その他(%)
普通科	794,230	72.9	62.2	23.2	8.1	6.5
専門高校	205,580	18.8	20.8	24.1	50.5	4.6
（商業）	(70,111)	(6.4)	(25.7)	(28.7)	(40.4)	(5.2)
その他専門学科	32,884	3.0	67.0	20.5	5.1	7.4
総合学科	55,450	5.0	35.3	32.0	25.4	7.3
総計	1,088,124	100.0	53.2	23.7	16.9	6.2

出所：文部科学省「平成25年度学校基本調査」

され、幼少のライフステージから競争が展開されている。こうした傾向は大学受験に有利な偏差値偏重の教育を展開する普通高校・普通科に進学を希望する生徒の増加となって、大学等への進学に不利な専門高校・職業科への進学を希望する生徒は減少し、質的にも劣化している傾向が見られる。

　商業教育は、商業に関する専門高校であるが、〔表1−1〕に示す通り、生徒数は約7万人であり、その60％は大学・専修・各種などの教育機関へ進学し、就職者は40％（2万8千人）と非常に少なくなっている。新規高校卒業者総数1,088,124人の2.5％を占めるにすぎない。しかし、高学歴による専門的知識・技術の習得者の増加は技術革新の進展に寄与する人的資源として有効に作用すると考えられ専門高校の教育もその一端を担うものである。

（2）製造小売業が流通産業の旗手となる

　今日、ICT（情報通信技術）化の加速的な発展によって産業社会の産業・企業の活動のあり方が大きく変革し、それに連動して商業教育の知識・技術体系や人材育成観が根底から揺るがされている。本来、国が豊かで活力ある社会を維持・発展していくためには、産業社会において絶え間ない技術革新と物的資本の充実が行われることが必要であり、これに対応して人的資本として有為な優れた労働力が供給されてはじめて可能になる。この労働力の供給を担うのが教育であり、教育の充実・発展が重要な意味を持っている。それゆえ、主な教育機関として、大学・短大・専門学校などの人材供給に果たす役割は大きいが、高校教育における人材供給においても、職業に関する専門高校において輩出する人材は、教育の適時性、継続性の観点から中堅スペシャリストとして、少数ではあるが、地域産業や地域商業の担い手として地域社

会を創造・発展させる起業家精神のもとで重要な役割を果たしている。

　教育には不易と流行の部分があるといわれるが、流行の部分といわれる教育の部分は産業社会の発展とともに教育自ら変革をしていかなければならない宿命的な側面を持っている。こうした側面から商業教育の役割をみた場合に、資本主義経済における生産・流通・消費の構造を基本的に構築している商品の生産＝流通システムとして不可欠なものとして、商品の売買によって生産者と消費者への転換の媒介をなし、利益を営む営業というコンセプトだけでは現実の産業・企業の活動は説明できなくなってきた。

　つまり、ICT（情報通信技術）の発達と応用の進化によって、技術や産業が他の分野と結合して新たな産業を創造して、従来の産業分類を超えた複合的な産業の出現である。商業教育の対象領域においても、産業分類では流通産業でありながら、自ら商品の製造から販売まで一貫したシステムで事業活動を行っている業態がみられる。その業態は「製造小売業」や消費者から受注生産によるダイレクトシステムを展開している「製造販売会社」などである。これらの業態の事業活動に展開される形態においては、商品の製造という付加価値を生み出す事業（ビジネス）活動と、商品の販売・マーケティングなどの商業活動とを統合して展開している企業体である。それゆえ、商業のコンセプトとビジネスのコンセプトを有する新しい業態であり、これまでの商業教育では捉えられていない業態であることから、これに対応した知識・技術体系が必要となる。

　いま一つの産業社会の変化から商業教育のあり方に変革を求める要因は、産業社会に働く労働力の高学歴化と高度の専門的な知識や技術・技能を有するスペシャリストの需要の拡大である。今

日みられる大学等高等教育機関への進学率は76.9％（平成26年）であって新規高卒者の大部分が大学等高等教育機関へ進学している。このことは職業学科の専門高校の果たす役割に大きな変化を与えているのである。理科教育及び産業教育審議会・答申（1998年）では、「今後の専門高校は、大学等高等教育機関で養成する高度の専門的な知識や技術・技能を有するスペシャリストの基礎を培うという役割を担うことが期待される」としている。もはや専門高校における専門性をめざした教育を期待するものではなく、準備教育的な視点から専門高校の教育をみているものであって、やがて専門高校の教育は不必要となることを示唆しているものと受け止めることもできる。

(3) 才覚のある「仕事術」に長けた人を育成する

　新規高校卒業者（平成26年3月）全体における大学・短大、専修・専門学校等への進学者は76.9％に達し、就職者は17.4％になっている。こうした新規高卒者のほとんどが大学等高等教育へ進学する状況における高校教育は進学のための準備教育という性格を強く有し、普通科では偏差値を重視した受験のための教育が展開され、職業学科の専門高校の新規卒業者でも44.1％が大学等高等教育機関へ進学していることから、教育課程で規定されている専門学科が軽視されて普通科目が重視される傾向がみられる。

　こうした実態を踏まえ、理科教育及び産業教育審議会（理産審）・答申（1998年）では、今後の専門高校は高度の専門的な知識や技術・技能を有する人材（スペシャリスト）の基礎を培うという役割を担う人材の育成が必要であるとしているのである。

　また、専門高校における教育課程の編成に当たっては、近年、

技術や産業が他の分野と結合し、新たな産業を創造し、従来の産業分類を超えた複合的な産業が発展していることから、卒業後すぐに特定の分野に従事することを前提にした教育課題ではなく、社会のニーズや生徒の希望に十分対応できる配慮が必要であると提言している。

以上のような理産審の答申にもとづき、現行学習指導要領改訂解説・産業編における「商業の目的」の解説では、商業教育がめざす人材観は「職業人」の育成であることが記述されている。一般に、職業人の概念は社会の広汎な不特定多数の職業に働く人びとという意味が強く、これまで商業教育が特定の専門領域として、商品の売買によって生産者と消費者との財貨の展開の媒介、つまり流通に携わる専門的な知識や技術を有することを特徴とする人材の育成をめざしてきたことを考えると、「職業人」の育成への転換は商業教育の特徴を損なうおそれがある。つまり、「職業人」の育成については、今日の大学等高等教育機関への進学状況から考えた場合、専門高校に学んだ生徒は、生涯学習の観点からみても、早くから特定の分野の産業に従事することを前提にした専門性より、多様な適応性のある知識や技術を身につけたクラーク(clerk)的な人材の育成が根底となっている。しかし専門高校における商業教育は、教育の適時性や継続性が大きく作用し、将来の自己実現につながる可能性があり、一概に専門高校の教育内容の専門性を否定することは専門高校の衰退と評価の低下のおそれがある。

いま展開しているわが国の産業構造はソフト化・サービス化が進み、第3次産業の占める比率は70％におよび、知識集約化、情報化、サービス化による産業活動が展開し、産業社会に求められる労働力需要は専門分化の度合いが大きくなっている。こうした

変化に対応して、商業教育の人材育成に新たな視点が求められることになった。商業について、作家の司馬遼太郎は小説『覇王の家』[注1]の中で、「商業は、人間の意識を変える不思議な機能がある」、「商品は商人という不思議な機能を持つ人間の手で諸国へ運ばれていく」、「商人は幻術師のようなものだ、物ひとつ、算用ひとつで銭に換えるのである」と言っている。これらの言葉にみられるように、商業や商人の営みは、より人間的な資質が大きく作用するものであって、いかなる時代においても人間の経済生活が存在する限り、その原理は不変であることが分かる。また、今日の、流通産業の雄といわれるユニクロ（ファーストリテイリング）の社内で、「商売」という言葉が常に飛びかっており、従業員同志で、「商売」という言葉が発せられる時、彼らの表情が一様に引き締まり、熱っぽさを増すように感じられる（『ユニクロvsしまむら』日経ビジネス文庫）という。

　このように、商業教育が対象としている「商業」は単なる知識や技術・技能の習得だけでなく、売買・商取引に際しては人間的資質にもとづく才覚、機智、実行力などが大きく作用するものであり、いかに時代が変わっても「商売」が存在する限り、商売を行う人材は産業社会において特異な機能を有する人間として貢献していることが分かる。

　また、コンビニ業界の雄といわれるセブン＆アイHD鈴木敏文会長は、いまの時代に重要な人材は、知能指数的な優秀さではなく、どのような考え方で、どのような仕事の仕方についての工夫ができ、どれだけ挑戦する心を持っているかである、と言っている。小売業界では消費者と向き合ったヒューマンタッチであり、

（注1）司馬遼太郎著『覇王の家』新潮文庫、35頁

知能指数的な優秀さではなく、「商売」の原点に立った物事の考え方、やり方、挑戦する心といった面で優れていることが大切であることを意味している。商業専門学科の教育がめざすものは、知能指数的な優秀さではなく、考え方、仕方の優れた人材である。

2．商業教育のパラダイム・シフトを活用する

(1) e-コマースとe-ビジネスが商業ビジネスを革新する

　いま、わが国の商業教育（初等中等教育段階）は歴史的に大きな転換期を迎えている。その要因の第一はICT（情報通信技術）の進展に伴うインターネットを主体とした情報テクノロジーの発達と応用が産業・企業活動のあり方を根底から揺るがしていることである。これまで、伝統的に資本主義経済の構造を基本的に構築してきた商品の生産と消費との転換・媒介をする流通システムにおける卸売（問屋）業や小売業を主体とした商業（流通）活動は新たな展開をすることになった。商業分野でe-コマース（電子商取引)の登場であり、デジタルメディアを介して売買を行うもので、B to B（Business to Business）や、B to C（Business to Consumer）などの登場である。また、e-ビジネスは事業全体を情報技術によって統合したビジネスモデルによるものであり、経営戦略を中心にして、商品計画を核に受注生産（build to order）を行うものである。したがって、統合した情報技術によって材料・部品の調達、製造、物流、販売をサプライチェーン・マネジメント（SCM）によって行うビジネス・モデルである。こうした業態は「製造小売業」（SPA：speciality store retailer of private label apparel）といわれ、製造業の機能と小売業の機能を合わせもつものである(日本標準産業分類では「製造・小売業」に分類)。

こうした「製造小売業」の出現は、IT革命の進展によるものであり、流通産業（retail industry）の新たな業態としてアパレル業界だけでなく、パソコン、テレビなどの電気製品をはじめ多くの業界に波及しつつあり、生産と消費を媒介する流通の変革と激しい競争が展開されているのである。したがって、従来の卸売（問屋）業・小売業の概念から脱した「製造小売業」という革新的な業態は流通システムに革新を迫るものであるとともに、商業教育が生産・製造に関与しない、商品の流通を主体とした知識・技術の体系では、こうした新しい経済現象（製造小売業）について解明できないことからビジネス（事業）経営の要素を含めた新たな知識・技術の学問体系が求められるようになったと理解できる。平成11（1999）年高等学校学習指導要領の改訂から「商業の目標」においてビジネスに関する知識・技術が記述されるとともに、商業の基礎科目として「ビジネス基礎」導入されることになった。その後平成21（2009）年の改訂においても商業の目標の中にビジネスに関する教育が踏襲されている。

　しかし、重要なことは、商業教育が製造小売業という新しい業態にとらわれて、商業本来の機能・役割、つまり資本主義経済の構造を基本的に構築している商品の生産と消費を媒介する重要な役割を担っていることがおろそかにされ、ビジネス（事業）教育を重視していることである。要は、商業の原理・原則を基本にしながらビジネス（事業）にかかわる要素を包含した新しい商業教育の体系を構築することが求められている。

(2) 商業教育の新たなポジショニングを確立する

　いま、わが国は成熟消費社会を迎え、歴史的ともいえる大転換期を迎えており、流通を重要な基盤としている商業教育の再構築

を迫っている。その第一の要因は、経済循環における生産拠点、流通拠点、消費拠点がe-コマースやe-ビジネスの展開によって商品流通のベクトルが逆転していることである。これまでモノ不足時代は人びとの均一なニーズを前提に均一な商品をいかに早く大量に生産し、供給するかという規模の利益を追求していた、均一な供給から多様な選択の時代を迎えていることである。それゆえ、消費拠点である消費者は、成熟消費社会の中で自らの価値観とライフスタイルによって、本当に必要で、しかも自分の好みに合致した商品を、適時、適量、適正価格で購入する購買行動をとるようになっている。こうした変化は、モノ余り、モノ離れ、モノが売れない、という現象を引き起こしているのであり、これらの現象に対応した流通業の知恵が商品流通のベクトルを逆転させる発想である。つまり、これまでの流通（商業）業は生産者（メーカー）の販売代理人としてつくられた商品を、適格な情報のもとで、いかに効率よく消費者に配分するかが重要な機能であった。しかし、e-コマースやe-ビジネスの展開によって消費者中心の消費者行動へと変化し、流通業（卸売・小売）は消費者の購買代理人として、求められる商品を、いかに生産者から適時、適量、適品を調達し、供給し、消費者の多様なニーズに応えていくかという、タクトを振る立場に立たされているのである。

　第二の要因は、グローバル化やインターネットを主体としたオープンネットワーク化の進展により、わが国の伝統的経済循環を構築していた生産―配給（流通）―消費の分業システムが崩壊したことから、商業教育の知識・技術の学問体系の再構築が求められていることである。つまり、成熟消費社会の到来により、常にモノ余り、モノ離れという供給が需要を上回る状況のなかで、e-コマースや製造小売業という新しい業態が経済循環における商品

流通のタクトを振ることになる。したがって流通業は商品販売のマージンを受け取るだけの──「モノ売り」にとどまるものでなく、付加価値を創出する機能を持ち、生産拠点と消費拠点をリードしていく流通拠点としての役割を持つ時代がやってきている。こうした流通（卸売・問屋・小売）業は、いまや付加価値を創出する機能を持ち、生産と消費をリードする流通拠点としてポジショニングを持つに至っているのである。

(3) 商業教育の人材育成観を現代化する

(a) 商業（卸・小売）活動の中堅スペシャリストを育成する

　今日の情報テクノロジーの発達と応用は、商業の商品を生産から相対的に独立したかぎりにおける流通を取り扱い、商品の売買によって生産者と消費者とを結び、利益を営むコンセプトを変化させることになった。代表的な事例は、小売業の百貨店やコンビニエンスストアなどでは商品の企画・生産から販売を一貫して手がける製造小売りの手法を導入しつつある。この手法はSPA (speciality store retailer of private label apparel) といわれる衣料品業界で導入されていたものであるが、いまや百貨店業界の三越伊勢丹HDやコンビニ業界のセブン＆アイHDにみられるように小売業の営業形態が大きな変革を遂げつつある。

　つまり、この製造小売の手法の導入は、企業経営において、一つは商品の製造プロセス（SPAの導入も含めて）は経営資源（ヒト、モノ、カネ、情報）を投入し、経済価値を生み出す事業（ビジネス）プロセスと、いま一つは商品の販売プロセスである商業活動を同時に展開していることである。それゆえ、小売業としての製造小売業はビジネス（事業）の要素と商業（流通）の要素を統合した業態の企業体となっている。したがって、従来の商業の

コンセプトでは説明できない小売業が展開しているのである。

現実の商品流通では、メーカー→卸売→小売という流通機構は存在しているが、いま起こっている小売業の業態変化は、製造小売りの手法の導入により、商売のあり方に変化を与えるとともに、そこには働く人びとの人材観を大きく変貌させている。その一端として、現行学習指導要領改訂・同解説・商業編では、商業の専門学科の育成する人材観は「職業人」と規定している。この背景には、商業教育が対象としている領域である生産・流通・消費の経済循環における流通において、従来の概念をくつがえす事象として製造小売りという新たな手法が導入され、商品の流通に新たな展開がはじまっているからである。つまり、小売業を中心とした流通産業（retail industry）である製造小売業では、商品の企画・生産という事業（ビジネス）プロセスを有し、経営資源（ヒト、モノ、カネ、情報）を投入し、経済価値を生み出す行為を行うとともに、製造した製品を商品化するマーケティングと商品の販売を行う商業機能を統合した業態となっていることである。それゆえ、これまでの商品の販売を主とした商業ではなく、商品の企画・生産する事業（ビジネス）プロセスと商品の販売を行う商業プロセスを有する業態を対象にした新たな人材観として「商業人」ではなく、ビジネス活動という視点から「職業人」が登場してきた。

この「職業人」の育成という人材観のもとで、商業の専門学科において、商業教育の目標・内容からの人材育成が行われているが、現実の商業・専門学科における人材育成の実態は、商業の新規学卒者は67,064人であり（平成26年3月）、このうち就職者は27,967人（40.4%）と少なく、50%以上の成績上位者が大学や専門学校等の高等教育機関に進学している。したがって、商業・

専門学科の新規卒業者は人材として、産業・企業が要求する専門的知識や技術・技能を身につけた労働力となり得ない状態が生じている。

しかし、商業専門学科の新規卒業生の就職者が少数になったとはいえ、輩出する人材の特性は、商品の売買（製造も含む）を中心とした知識や技術・技能の習得とヒューマンタッチを基本とするものであり、商品の売買に関して、知識や技術・技能の他に才覚、知恵、先見性、創意工夫などが必要とされる。

コンビニ業界のセブン＆アイHD鈴木敏文会長は、今の時代に重要なのは「知能指数的な優秀さ」ではなく、「どういう考え方で仕事をするか」である。知能指数的な優秀さでいったら、うちの会社よりよその会社の方がたくさん優れた人がいるでしょう、と言う。また、セブン＆アイHDも創業時は、お金もなく、モノもなく、集まった人材もみな素人同然でした。だからこそ、自分たちで知恵を出し、挑戦しなければなりませんでした。現在でもこの精神は生きていますと言っている。(注2)

このように、商売は知能指数的な優秀さだけでは成功しないのであって、大切なのはどういう考え方で仕事をするか、仕事の取り組み方であり、そこに必要とされるのは才覚、知恵、挑戦する精神などであり、これらを有することが商売を成功に導くことができることを意味している。コンビニ業界でセブン＆アイHDは業界第1位を占めている所以もここにあるといえる。

こうした観点から商業専門学科における教育の目標や内容における専門科目群の構成は商品の売買を基底とした実践的、創意工

（注2）勝見明著『鈴木敏文の「本当のようなウソを見抜く」』、プレジデント社、2005年、5頁

夫、チャレンジ精神などが涵養される体系となっている。したがって、商業専門学科の教育が育成する人材観は、知能指数的な優秀さを最上とするものではなく、物事の考え方や仕事の知恵、才覚、チャレンジ精神を持った人材育成を重視しているものである。

　それゆえ、商業専門学科における教育は偏差値の高さを重視した知能指数的な優秀さを志向した人材育成ではなく、人間の個性値（人間的偏差値）ともいわれる、物事に対しての考え方、やり方において求められる才覚、知恵、創意工夫、チャレンジ精神などを持った人材育成が大切である。したがって、この個性値を構成する要素の涵養は人間の成長・発達と深くかかわりを持っている。

(b) 教育の適時性を商業教育に生かす

　教育の適時性の概念は、人間の成長において、「その年齢にしか学ぶことができない最適の時期」を意味している。NHKのある番組で、人間国宝に指定されている京都の有名な割烹の主人が対談しているなかで、

「私のところへ全国の各地から是非お弟子さんにしてほしいという人がたくさんみえられます。一般人、大学生、高校生、中学生などをさまざまです。しかし、私は中学生以外はほとんどおことわりしているんです。なぜかと申しますと、人間は高校生以上になると身体がほとんどできあがってしまうからです。割烹では、包丁のもち方、歩き方、おじぎの仕方、戸の開け方、もののしぐさ、どれひとつとってみても、まだ身体ができあがらない時期に教え込まないと本物になれないからです」
といっておられた。このことは、歌舞伎俳優で文化勲章を受賞した人についても"六つのときの芸を忘れるな"といわれるように、

幼少の頃から厳しい芸の道を歩んできたからである。

こうした事例をみるまでもなく、人間の身体の成長、発達と芸術・文化の修業に深いかかわりがあることがわかる。

ひるがえって、商業専門学科の教育について考えるとき、専門学科に学ぶ生徒は、15歳〜18歳の年齢であり、人間の成長・発達段階からみて、思考力、判断力、行動力、表現力などにおいて教育の適時性から柔軟性を有しているといえる。それゆえ、このライフステージにおいて、商業専門学科における教育の特性である個性値（人間的偏差値）とヒューマンタッチを基底とする商売（商取引）にかかわる知識・技術・技能とともに、才覚、知恵、創意工夫、チャレンジ精神などによる実践的、総合的な教育を学ぶことは、インプリンティング（刷り込み）となって将来の自己実現につながるものと考えられる。

こうした観点から商業専門学科における人材育成は、産業社会において特性を有した人材の輩出であり、現在、商業専門学科の新規卒業生における就職希望者が少ない状況（40％）とはいえ、産業社会に特性ある人材として大きな役割と貢献しているものであり、商業教育の充実・発展が重要である。また、商業専門学科の教育を受けた生徒が大学等高等教育機関へ進学した人びとは、商業専門学科の教育がインプリンティングされていることから、進展する産業・企業において有能なスペシャリストとして活躍することが期待されている。

3．商業教育の対象領域の明確化を図る

(1) 商業教育は流通・経済主体の課題を解決する

現行の学習指導要領改訂・同解説・商業編では、「商業教育が

対象とする商品の生産・流通・消費にかかわる様々な経済的活動が豊かな経済社会の形成と発展をもたらす」としているが、商業教育が対象とする経済主体は何かは明示されていない。つまり、国民経済を形成している生産・流通・消費においては、生産は生産活動を営む経済主体としての生産者であり、消費は有効需要となる購買力で消費を営む経済主体としての消費者であり、流通は商品の売買（＝商行為）と商品の物理的転位を営む経済主体としての流通業及び商業者（卸売・小売業）から構成されている。マクロ的には生産者と消費者を結ぶ流通機構・機能であり、ミクロ的にはメーカーと消費を結ぶ商業者からなっている。つまり、生産された商品が消費者の手にわたり消費されるためには、消費需要を先取りし、それを充足させるモノがどこにあるかなど商品流通の活動は、商品や情報の物理的転位に関する経済活動ならびにそれに付帯的な活動からなる流通活動と、商品の売買によって財貨の転換の媒介をする商業者（卸・小売）からなっている。この場合、経済主体としての流通を広く解釈するなら、流通という経済主体が提供するサービスおよび活動主体は、具体的には商業（卸・小売）、運輸・通信、金融・保険、荷役、保管、包装などである。このような流通の捉え方は、流通活動と商業活動とを含むものであるが、現実には流通という経済主体の活動は商業者（卸・小売）によって流通業務を兼ね営むかたちで捉えられている。

　わが国の経済産業省では、「産業構造審議会流通部会」が設置されており、わが国経済社会における流通業の位置づけが行われており、国民経済における流通（卸・小売）業の国内総生産（GDP）全体に占める割合及び労働力として流通業の労働者数を示している。

〔図1-1〕GDPに占める各産業の割合

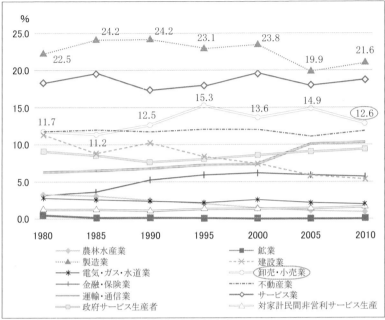

出所:内閣府「国民経済計算」経済活動別国内総生産

　〔図1−1〕に示すように、流通(卸・小売)業の国内総生産全体に占める割合は12.6％であるが、流通にかかわる運輸・通信が占める割合が11.0％、金融・保険が占める割合が5.9％であり、これらの流通に関わる割合を合計すると、29.5％を占め、製造業を大きく上回ることになる。

　以上のように、流通は経済産業省の行政サイドにおいても国民経済の一つの経済主体としてとらえ、わが国経済社会を支える重要な支点と位置づけているのである。それゆえ、現行の学習指導要領改訂における「商業の目標」では、「ビジネス諸活動」を主語にしているけれども、その経済主体は流通企業(retail industry)であり、その中心は卸売・小売業による活動である。

つまり、商業教育が対象としているのは、流通という経済主体であり、同様にして、生産を営む経済主体、消費を営む経済主体が存在するように、国民経済を構成する経済主体として流通が存在しているのである。それゆえ、前掲の農業、工業、水産業にみられる当該教育における目標の設定と同じように、商業の目標は、「流通に関する諸課題を主体的、合理的に、かつ倫理観をもって解決し、流通と社会の発展を図る」とすれば、商業教育が対象としている経済主体も明確になり、産業教育における他の職業に関する学科の目標との整合性を認めることができる。

(2) 高度経済成長の終焉が商業教育を原点回帰させる

　商業教育は国民の経済生活のあり方と深くかかわりを持つものであり、戦後から昭和32（1957）年まで復興期とすれば、戦後の序曲における商業教育のあり方といえる。

　やがて、昭和31（1956）年の経済白書に「もはや戦後ではない」といわれたように、わが国経済は高度経済成長の幕開きとなった。「投資が投資をよぶ」といわれ、海外からの技術導入が盛んに行われて重化学工業の確立を達成している。そして高度経済成長期を迎え、GDP（国内総生産）の増加とともに国民の所得水準が上昇して国民生活は改善されていった。そして、この高度経済成長と一層の技術革新の進展によって産業構造の高度化が進み、こうした物的資本の拡大による生産構造に対して、それに対応する人的資源である労働力に対する需要が増加することになった。この労働力需要に対応して、労働力を供給する教育サイドにおいても、経済成長を維持・発展させるためにも重要な役割を担うものであり、特に職業に関する学科の教育に期待されることになった。

昭和35（1960）年高等学校学習指導要領改訂における「商業の目標」では、経済成長に伴う経済規模の拡大に対応した人材の供給が産業界から求められ、産業・企業に働く実践力のある人材として、経営管理や事務に関する知識や技術を身につけた人材育成をめざした商業教育が進められることになった。

　また、昭和36（1961）年には、当時の文部省による「科学技術系学生の増募計画および高等学校における職業教育の拡充政策」が策定されたことから、商業教育も拡充路線に沿って教育が展開されることになり、商業の目標においても経営管理や事務に焦点をおいた教育へと大きく転換していくことになったことは理解することができる。

　こうした商業教育の拡大路線のもとで、経営管理や事務に関する知識・技術の充実が図られるとともに、人間の多様な能力や適性の伸長に対応した商業教育の多様化が展開されることになった。つまり、従来の単一商業科から商業に関する「小学科」（商業、経理、事務、情報処理、秘書、営業、貿易）が導入され、商業教育は多様な小学科の展開が学習指導要領に規定され、経済の高度成長の持続・発展に対応した人材の供給を担う教育へと転換することになった。

　ところが、昭和46（1971）年の米国によるドル・ショックと昭和48（1973）年の第1次オイルショックによって、高度経済成長を支えてきた資源・エネルギー多消費型経済構造から省資源・省エネルギー型への転換をせまられて高度成長は終焉を迎える。また、外国為替相場では、固定相場制から変動相場制への移行に伴う国際競争力の低下とともに、これまで物的豊かを志向した価値観から、「真の豊かさとは何か」が問われ、精神的・文化的豊かさを求める価値観が生まれ、物事の本質に立ちかえる気運

が生じてきた。そのため、商業教育においても、拡大・多様化路線の推進した教育内容から物事の本質に立ちかえる視点から、商業の基礎・基本を重視した教育内容に回帰することになった。

したがって、昭和53（1978）年学習指導要領改訂では、「商業の目標」を伝統的商業の機能を重視するとともに、商業の基礎・基本に回帰した集約的な内容となり、商業科目も36科目から18科目に整理統合され、商業教育の集約化が図られた。また、経済・産業においても、ソフト化、知識集化、サービス化、情報化が推進されて、量の充足から質の向上へ、文化的・精神的豊かさを求める方向へ推移していったのである。

（3）情報化が商業ビジネスコンセプトを登場させる

商業教育は昭和55（1980）年頃から急速に展開した先端技術（advanced technoiogy）によるIC（integrated circuit：集積回路）、LSI（large scale integration：大規模集積回路）などの開発が進み、情報化の展開に対応することになった。産業活動ではOA（office automation）およびFA（factory automation）、VAN（value added network）、LAN（local area network）などの情報革命によって情報化時代の幕開けとなった。この情報テクノロジーの発達と応用は商品の流通のあり方に変化をおよぼすとともに、情報技術を活用したe-コマース、e-ビジネスが展開することになった。

いま、e-コマースはインターネットを活用して製造者と消費者とを結ぶネットワークにおいて、ネット通販業者が商品一覧を表示して消費者ニーズを喚起し、購入商品が決まると、注文を受けた作り手（サイトへの出品者）は発注情報に基づいて商品を製作してネット通販業者に納品する。ネット通販業者は検品と用途に応じて包装し、買い手に発送する。このしくみは、ネット上の商

品の販売・流通チャネルに製造業者を巻き込んだものであって今後さらに拡大していくことが考えられる。

さらに、e-ビジネスの展開とともに、SPA業態（speciality store retailer of private label apparel）である製造小売業の台頭は、流通企業でありながら、自ら製品企画、原材料部品調達、製造、物流、販売を行うものであり、従来の商業が商品の生産から相対的に独立したかぎりにおける流通を行うとした概念は通用しなくなっている。平成11（1999）年学習指導要領改訂における「商業の目標」に、「ビジネスに対する望ましい心構えや理念を身につけさせる」という表記がなされて、はじめて［ビジネス］という言葉が用いられている。この背景には、1998年「これからの職業教育のあり方」（理産審・答申）が行われたことである。さらに、平成21（2009）年学習指導要領改訂における「商業の目標」では、「ビジネス活動を主体的、合理的にかつ倫理観をもって行い」という表現になった。

このように、商業教育における、「商業の目標」は時代の変遷とともに変化する社会・経済・産業に対応して変化し、主に経済の成長・発展と商品流通に関わる流通機構・機能及び専門的知識・技能を通じて国民の経済生活の向上に資する役割を果たしてきている。その過程は、経済現象や産業の変容によって既成の学問体系が変化するように、商業教育が対象とする領域においても、商品の流通に関わる産業・企業のあり方が先端産業による技術革新や情報技術の発達などによって大きく変化し、商業の既成の概念では対応できなくなり、新しい商業教育の知識・技術体系が求められている。それは、現在の「商業の目標」が商品流通における商品の生産を含むビジネス教育への転換であり、21世紀における新たな商業教育への展開でもある。

いま、生産物の社会的移動に関わる流通機構や流通機能はICT化によって商業のパラダイムが崩壊しているけれども、新たな情報テクノロジーによって新たな流通企業が出現している。SPA業態といわれる流通企業群である。平成26年1月18日の朝刊（産経新聞）「PBで新しい商品価値訴求」と題して、「SPA（製造小売業）で差別化した商品の売れ行きは好調なので、SPAを進めていく」（セブン＆アイHD会長鈴木敏文氏）が述べている。ここの登場するPB（プライベートブランド）商品やSPA（製造小売業）による商品の販売は、今日の新しい商品価値の訴求となって流通産業のあり方を変革している。

　平成21（2009）年学習指導要領改訂における「商業の目標」にビジネス教育が導入された背景には、伝統的商業の概念として商品の生産から相対的に独立したかぎりにおける商品流通の場所的、時間的、量的、質的懸隔を媒介し、市場を通じて社会的分業にもとづく商品の交換・媒介を行うとしていたが、今日の新・流通革命（商品の製造・流通の合体）によって新たな商品の概念の構築が商業教育に求められているのである。

4．新・流通革命が商業教育の現代化を推進する

（1）流通革命の原点は流通の合理化・効率化にある

　新しい時代は、新しい産業を生み、新しい流通体制の形成を要求し、それらに伴って新しい知識や技術の体系が求められる。今日の科学技術の進展に伴うIT（情報技術）革命は、技術と産業が他の分野と結合して新たな産業や事業を創造するなど、これまでの産業分類を超えた新たな業態の企業が現出している。

どのような時代においても生産物の社会的移動に関わる流通体制は、国民経済を支える2本の大きな柱である生産と消費をつなぐものとして、合理的、効率的で生産性が高く、社会・経済の成長・発展に寄与するものでなければならない。この流通体制の主役を演じているのが商業（卸・小売業）であり、生産サイドと消費サイドの変化に対応して、国民生活の向上をめざした活動が求められる。

　この流通体制に関して、流通革命の発端となった大量消費時代を迎えたのは昭和30（1955）年以後である。昭和31年の経済白書で「もはや戦後ではない」といわれたように、わが国は昭和30年代には重化学工業が確立し、昭和35（1960）年頃を期して高度経済成長を背景に、供給が需要を生む経済循環のもとで大量生産と大量消費の時代を迎え、大量の生産物が大量消費されるためには大量経路（チャネル）が必要とされた。ところが、わが国の経路を担っていた商業（卸・小売業）は零細・過多で経路が長く非効率的で大量消費を繋ぐのに大きな課題を抱えて、経済の成長・発展のボトル・ネックになっており、経済の暗国大陸ともいわれていた。

　こうした事態に対して、昭和37（1962）年に『流通革命』（林周二著）が出版され、さらに昭和39（1964）年に『流通革命新論』（同著者）が出版されるにおよんで、流通問題が経済循環における問題提起となって流通革命の幕開きとなった。

　これを商業サイドから俯瞰すると、流通革命の旗手として現れたのが小売業のスーパー・ダイエー（創業者、中内　功氏）である。中内　功氏は、大量消費時代を迎えて、「商品の流通において、メーカーが価格決定権を握っているのは不当である。この価格破壊をめざして、消費者がメーカーの価格を決めなきゃあかんのや」

といって、スーパー・ダイエーは、大量仕入、薄利多売、セルフサービス、チェーン化などを導入するとともに、カウンターベイリング・パワー（countervailing power）としてPB（private brand）商品の開発によってメーカーと価格交渉を実現し、メーカーから価格決定権を奪う戦略を推進していったのである。昭和47(1972)年にはスーパー・ダイエーが売上高で百貨店三越を抜いている。

また、昭和49(1974)年にはコンビニチェーンのセブン－イレブン・ジャパンの1号店が東京の豊洲に出店し、食品・日用品を中心に長時間営業による利便性という新たな価値を提供する店舗として出現した。さらに昭和57(1982)年にはPOS（販売時点情報管理）システムを導入し、バーコードが一気に普及することによって小売とメーカーとの関係は劇的に変化をもたらすことになった。もはやコンビニは小売業界の枠にとどまらず、日々の生活に欠かせない「社会のインフラ」となりつつある。平成20(2008)年にはコンビニの売上高は百貨店を抜いてスーパーに次ぐ小売業へと成長している。

このように、流通革命はスーパーチェーンやコンビニエンスストアという小売業の成長・発展を軸に展開し、流通業界の変革をもたらすとともに、商品の生産＝流通システムに大きな変革をもたらし、商業教育のあり方に多大の影響を与えることになった。

(2) 新・流通革命が商業の新たなコンセプトを生む

新・流通革命の旗手として登場してきたのが、自ら商品の企画・開発から製造、販売を一貫して行う「製造小売業」（日本標準産業分類では「卸・小売業」に分類）の出現である。この製造小売業は、本来、アパレル業界におけるSPA（speciality store retailer of private label apparel）による業態であるが、平成10(1998)年11月に「ユニクロ原宿店」が出店し、海外ブランド商品の５分の１の価格で販売するものであった。ユニクロ（ファーストリテイリング）は柳井正氏の創業によるが、激しい競争の中では低価格と品質を確保するためには、製造管理にまで手を伸ばすしかないとして、SPAによる自ら商品の企画・開発から製造、物流、販売までを一貫して行い、中間コストを削減することであった。

　このSPAによる中間コストの削減をめざす営業方針は、アパレル業界にとどまらず、百貨店業界、スーパー業界、コンビニ業界にも波及し、小売業でありながら、従来の商品の生産の生産から相対的に独立したかぎりにおける流通を扱うというコンセプトから、SPAによる商品の企画・開発から製造する製造管理を行い、販売するコンセプトへの転換である。

　また、セブン＆アイHD・鈴木敏文会長は「消費者は新しい商品を求めており、昨年と同じ商品を提案しても売れない。プライベートブランド（PB、自主企画）商品の食パンは割高でも、味にこだわる消費者に選ばれた。メーカー品が従来と変わらなければPBで新しい商品価値を訴求する」といっている。

　このように、小売業は伝統的商業の機能を基軸にしながら、SPAによる製造小売業へと業態変化するとともに、PB商品の自主企画によって商品価値の訴求を行うことによって新・流通革命を推進しているのである。こうした変化に対応して、商業教育においても従来の商品の生産から相対的に独立したかぎりにおける流通を担うというコンセプトから、商品の生産に関わる製造管理のプロセスを所有することによって、商品の販売とともに経営資源（ヒト、モノ、カネ、情報）を有効に投入し、経済価値を生み出

すプロセスを合わせ持った小売業へと転換している。このことから、小売業であっても商品の製造という経済価値を生み出す事業（ビジネス）プロセスを有することから、企業経営は商業の機能とビジネスの機能が統合された内容となっている。それゆえ、商業教育の内容は従来の商業のコンセプトだけでなく、ビジネスのコンセプトを統合した教育が求められているのである。

（3）ネット販売は商業機能のグローバル化を推進する

今日のインターネットの急速な普及は、デジタルメディアを介して行う売買であるe-コマースが展開し、小売業と消費者の財・サービスの売買における流通チャネルに新しい関係をもたらすことになった。e-コマースはウェブ上で製品購入、証券取引、支払決済、航空券の購入などの商取引を行うことが可能とするものであり、企業はオンラインチャネルによって消費者に幅広い選択肢と利便性を提供できるとともに、幅広いサービスを低コストで提供することが可能となった。このような企業と消費者が低コストのデジタルネットワークでつながったことから、双方向の情報・商品・対価の新しい流れは伝統的商業の価値の見直しを迫っているもので、商取引の再定義が求められているものである。

このe-コマースの登場に伴う流通チャネルの変化の代表的なものとして、ネット販売のパイオニアとして「楽天巾場」がある。この楽天市場の創設は平成9年5月1日に、三木谷浩史氏によるものであり、ネット上に電子商店街に誰でも出店できる仕組みができ、本格的なネット利用の幕が開いたことである。平成10（1998）年8月には出店数1,000店におよんでおり、流通チャネルの変革をもたらしている。

さらに、流通チャネルに変化を与えているのが通信販売である。

わが国の通信販売は昭和30年代の経済の高度成長とともに大量生産・大量消費が実現し、消費者の購買力が高まった時期に拡大していった。カタログ販売、クレジットカードの登場、テレビ通販、宅配網の拡大などによって通販市場は拡大の一途をたどっていった。さらに、1990年代からインターネットを主体とした情報テクノロジーの発達と応用によるオープンネットワーク化は、流通チャネルの空間的な広がりをもたらし、地方の名店や特産品は地域市場にとどまらず、一気に世界・全国にレビューすることになり、これまで大規模店が占有していたマーケットシェアに変化を与えることになって市場は大きく変貌している。それゆえ百貨店、大手スーパーチェーン、コンビニ業界ではSPA手法の導入をはじめPB商品の開発を推進するとともに、ネット販売をも融合した事業システムへと変化しつつある。これからは、変化する

〔図1-2〕ネット通販と店頭販売の市場規模の推移

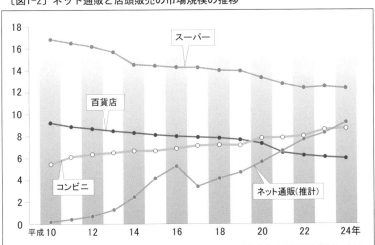

※経済産業省「電子商取引に関する市場規模・実態調査」の消費者向け市場規模（平成17年から調査手法を変更）、日本フランチャイズチェーン協会の「コンビニエンスストア統計調査」、日本チェーンストア協会の販売統計、日本百貨店協会の「全国百貨店年間売上高」から作成

消費ニーズをどのようにとらえるかという難しい問題をかかえながら小売流通産業は店頭販売とネット販売とを融合した新たな事業経営の展開を求められている。〔図1-2〕は流通革命に伴うネット販売と店頭販売の市場規模の推移であるが、いまや百貨店を抜き、コンビニをも抜く勢いで市場規模は拡大しつつある。スマートフォンの普及で、いまや買い物の場は消費者の手に収まるようになり、「全国のファンを集めれば商品は売れる」時代を迎えているのである。

5．21世紀の商業教育は新しい商業ビジネスを展開する

(1) 流通産業の革新に対応した商業教育を構築する

　今日、商業教育を不安定ならしめている第1の要因は、科学技術の進展等に伴い、産業界において必要とされる専門的知識や技術・技能が高度化するに伴い、技術や産業が高度化するとともに、技術や産業が多の分野と結合し、新たな産業・企業を創造する複合社会の到来である。第2の要因は、インターネットを主体とした情報テクノロジーの発達と応用であり、産業・企業の活動のあり方と生産と消費における商品流通のあり方を根本的に変えていることである。いまや、インターネットは世界を電子的に結ぶネット経済の出現であり、このことが流通企業の国際的展開を可能にし、アジア地域を中心に百貨店、コンビニエンスストアの展開が拡大しつつある。第3の要因は、わが国の豊かさと高学歴・学歴偏重社会への移行に伴う大学等高等教育機関への進学率の上昇である。この進学率の上昇は受験戦争を激化させ、進学に有利な普通化志向と偏差値偏重の教育が推進されている。そのため、進学

に不利な職業に関する学科が敬遠されるとともに、学ぶ生徒の能力・適性において質的に低下している傾向が見られる。

こうした状況下において、悲観的な見方だけでなく、いかに商業教育の活力を引き出すかという指針をもつことも重要である。そのためには、これまでの商業教育の主たる知識や技術が対象としてきたドメイン（domain）における変化と新たな構造や機能などの変化を洞察することによって活路を見い出すこともできるからである。つまり、いま商業教育が対象とするドメインに展開しつつある事象は、伝統的に商品流通を担ってきた商業資本から商品の生産の関わる産業資本へと転化しつつあることである。これを可能にしたものは、e-コマース、e-ビジネスなどの展開にみられる企業活動である。その代表的な業態では、小売業であるが、自らモノを造り、自ら販売する「製造小売業」（日本標準産業分類では卸・小売業に分類）の出現やメーカーでありながら、自らモノを作り、自ら販売する、ダイレクト・モデルといわれる「製造販売会社」などの業態である。

これらの業態に見られる事業プロセスは、「製品開発、原料調達、製造、物流、販売」あるいは「製品開発、販売、製造、物流、サポート、サービス」などからなり、商業活動とされる商品の売買による財貨の媒介をなし、商行為を行うことによって利益を営む活動と、ビジネス活動とされる商品の生産に伴う経営資源を投入し、経済価値を生み出すことによって利益を生み出す活動とを同時に行うのもであり、商業のコンセプトとビジネスのコンセプトを有した企業体である。

したがって、従来の商業教育がベースとしてきた商業のコンセプトでは現実に展開している流通企業の活動を解明することは不可能であり、新たな商業のコンセプトが求められている。しかし、

どのように産業・企業の業態や活動のあり方が変化しても、商業教育は商業の原理・原則にもとづいた新しいコンセプトによる教育を展開することによって存在価値が認められることを明記すべきである。

いま一つの商業教育を不安定ならしめている要因は、経済の成長・発展に伴う成熟社会による進学率の上昇である。人間の欲望は豊かさとともに拡大していくといわれるように、教育を受ける欲望も、その背景にはよりよい生活をするためには、今日の高学歴社会、知識基盤社会といわれるなかで、多額の所得を得る手段となっているのが高学歴を身につけることである。つまり、今日の学校教育をはじめ、大学等高等教育機関への進学をめざして教育が展開されている傾向があり、そのため、教育基本法や学校教育法の主旨を踏まえるなかで、いかにしたら大学等高等教育機関に進学するかが最大の関心事になっている傾向がみられる。

(2) 商業教育は成熟消費革命を推進する

いつの時代でも、文明が進化するとともに社会は、科学技術の進展や技術革新の新たな展開によって、より豊かな経済生活が実現されていく可能性をもっている。そのためには社会の文化的・精神的な側面の充実とともに、これらを支える物財的な側面の充実・発展が必要とされる。そのために常に国民生活を支える生産物（GDP：国内総生産）を生み出す仕組みとして経済構造および産業構造が必要であり、そして生産物を生み出すための社会的パーツとして、いろんな産業分野が社会的分業のもとでシステマチックに作用しなければならない。現在のわが国の社会体制の仕組みは資本主義経済であり、その構造を基本的に構築している基幹的な産業は、農業、工業、商業、水産業、その他産業からなっ

ており、それぞれの産業分野が社会的分業のもとで生産活動を行うことによって、経済の成長・発展が成し遂げられ、GDPの増大となって豊かさを実現し、成熟消費時代を迎えている。

したがって、商業教育の果たす役割は、他の職業に関する学科と同じく、資本主義経済の構造を基本的に構築するパーツとして、生産と消費における商品の流通という機能を担うことによって、経済の発展と成熟消費時代の消費革命の推進に寄与するものである。

したがって商業教育は、資本主義経済において、商品の流通という特定の目的を持ち、それらに関わる明確なドメインを有するものであって、流通機構や流通機能を担う流通産業（retail industry）のあり方や活動に関わる商業ビジネスを主な対象として経済の発展に寄与することをめざすものである。

(3)「商業の目標」の整合性により人材を育成する

国民生活を支える国内総生産（GDP）を生み出しているのは、産業構造における第1次産業、第2次産業、第3次産業から構成されている産業・企業の生産活動である。これは国民経済全体からみると、生産・流通・消費からなる経済循環のもとで、生産、つまり生産者は生産活動を営む経済主体として、流通、つまり流通業者は流通活動を営む経済主体として、消費、つまり消費者は消費活動を営む経済主体として、それぞれが活動を営むことによって成り立っている。そして、産業構造において、生産活動を営む経済主体を構築する産業としては第1次産業の農林水産業であり、第2次産業の製造業や建設業であり、流通活動を営む経済主体としては、第3次産業といわれる、卸・小売業、運輸・通信業、金融・保険業、倉庫業、サービス業などがあり、また、消費

活動を営むのは消費者または使用者であり、これらの経済主体が活動を営むことによって国民経済は循環している。

以上のように、国民経済の産業構造を構成している第1次産業、第2次産業、第3次産業の産業・企業は、それぞれの事業ドメインのもとで、明確な目的と目標および役割を持って産業活動を行い、国民経済の発展に貢献している。

このような国民経済における産業活動を行う産業に対峙して、その人材供給の一翼を担っているのが学校教育における高等学校の普通科や職業に関する専門学科の教育である。特に職業に関する主な専門学科である、農業、工業、商業、水産業、その他産業における教育は産業教育として産業社会に対峙し、それぞれの産業・企業が果たしている事業ドメインと連携して、それぞれの専門学科が行う教育のドメインを明確にし、専門学科として教育の目標やコンセプトを掲げ、有為な人材を育成し、産業社会へ人材を供給していくことである。 現行・高等学校学習指導要領改訂にみる主な職業に関する専門学科の目標の要点は次の通りである(抜粋)。

〔農業〕「農業に関する諸課題を主体的、合理的に、かつ倫理観をもって解決し、農業と社会の発展を図る」

〔工業〕「工業技術の諸問題を主体的、合理的に、かつ倫理観をもって解決し、工業と社会の発展を図る」

〔商業〕「ビジネス活動を主体的、合理的に、かつ倫理観をもって行い、経済社会の発展を図る」

〔水産〕「水産や海洋に関する諸課題を主体的、合理的に、かつ倫理観をもって解決し、持続的かつ安定的な水産業及び海洋関連産業の発展を図る」

斯くして、同じ産業教育の範疇にある、農業、工業、水産業の

それぞれの目標と商業の目標を対比した場合、農業、工業、水産業の目標が国民経済の経済循環である、生産、流通、消費において、それぞれ対象とする経済主体（生産）を明確にして目標を設定し、その解決をめざしているのに対し、商業の目標では、対象とする経済主体と課題についての明確な提示がなく、したがって解決の記述もない、つまり、商業の目標に「ビジネス活動」としていることから、対象となる経済主体が明確でなく、対象となる経済主体が存在しないことから、目標となる課題やその解決も生じてこない記述になっているのである。

　本来、商業の目標は、国民経済の生産・流通・消費の経済循環における「流通」が対象となる経済主体であり、国民経済を支える重要な支点となっているのである。それゆえ、商業の目標は、「ビジネス活動」ではなく、「<u>流通に関する諸課題</u>」であれば、その諸課題についての解決の必要性も生まれてくるのである。また、「経済社会の発展を図る」の部分も、「<u>流通と社会の発展を図る</u>」とすれば、国民経済を支える重要な支点となっている流通と社会の発展を図ることになり整合性がある。つまり、「経済社会」はすべての経済主体や産業がめざしているものであって、商業だけがめざしているものではなく、あまりにも漠然としたとらえ方になっているからである。

　商業の目標の抜粋部分について考察するならば、「流通に関する諸課題を主体的、合理的に、かつ倫理観をもって解決し、流通と社会の発展を図る」とすることが、同じ産業教育である農業、工業、水産業が掲げている目標と整合性があるといえる。

第2章　現代商業教育の意義と目的

1．現代商業教育の意義

(1) 商業教育の特性を生かした人間形成を推進する

　近代国家の指標の一つに教育の発展があり、その国の教育制度のもとで展開されているが、教育の基礎・基本をなすものとして初等中等教育がある。この初等中等教育としての商業教育は、教育基本法の精神に則り、中学校における教育の基礎の上に高度な普通教育及び専門教育を施すことを目指して、一般的な教養を高め、専門的な知識や技術・技能を習得することを目的としている(学校教育法50・51条)。

　したがって、商業教育の位置づけは、初等中等教育段階における職業に関する教育として、産業経済の発展と国民の経済生活の向上に資することをめざし、これらを担う有為な人材の人間形成を行うため、個性に応じた適正・能力を開発し、勤労を重んずる態度を涵養するとともに、商業・ビジネスを通じて社会への貢献と自己実現を図ることを目的としている。

　しかるに、今日、現実の社会情勢は、高学歴化、知識基盤社会、成熟社会といわれる時代を迎え、価値観の多様化、消費需要の成熟化が進展するとともに、他方、産業経済活動においては、経済の国際化や情報通信技術を中心とした先端技術の発達と応用に伴う産業・企業活動の変化とともに労働需要のあり方が変化している。こうした複雑多岐にわたる変化が進展するなかで、商業教育はどのように対応し、どのような教育内容を構築し、社会に貢献することができるのか、商業教育のレゾン-デートルが問われているのである。

それゆえ、今日、社会の与件の多様な変化や産業社会に展開している技術革新や先端技術の発達などに対応するなかで、商業教育の目的の実現に向けて、商業教育が対象とするドメインにおける商業の本質を見極め、それを実現する使命感を持たなければならない。つまり、商業教育は、商業の事業活動領域を対象とした教育を展開するに当たって、商業の役割は「生産者と消費者を結ぶのは、本来の商業であり、その担い手は商業者である」という根本的な見解のもとで、知識や技術の習得と人材育成を行うことに尽きるといってよい。これが商業教育のコアコンピタンスであり、変化する社会・経済のなかでどのように実現していくかが課題である。

(2) 商業のスキルの習得がキャリア形成に資する

　今日の新しい時代思潮に求められている人間形成は、変化の激しい社会のなかで逞しく生きていく資質を持った人間の育成である。現代の商業教育の実施に当たっても、時代の変化を洞察し、産業経済の充実・発展と国民の経済生活の向上に資する人材の育成が必要とされるとともに、国際化や社会全体の変化のなかで逞しく活躍できる人材育成の視点が必要である。

　いま、わが国社会は、知識基盤社会、高学歴化社会の到来ともいわれ、新しい知識・情報・技術や思考力、判断力、創造力などが社会・経済をはじめ、政治、教育、文化など、社会のあらゆる領域に求められている。それゆえ、商業教育のあり方においても、専門領域の知識・技術の習得とともに、新しい時代思潮や社会の変化に対して求められている、自ら課題を見つけ、自ら学び、自ら考え、主体的に判断し、行動し、よりよく問題を解決する資質や能力、自らを律しつつ、他人とともに協調し、他人を思いやる

心や感動する心など豊かな人間性、逞しく生きるための健康や体力などを備えた「生きる力」が必要とされる。

　本来、商業教育が対象とする領域である商業の営みの基本は、生産者と消費者を結ぶことにあり、消費需要を先取りして、それらを充足させるものがどこにあるかを探し求める鋭敏な情報力をコミュニケーション力を持ち、買いたい人と売りたい人とを結ぶヒューマンタッチにすぐれていることがよき商業者の条件ともいわれる。

　このように、商業・ビジネスの営みは人間的要素が強くはたらいていることが分かり、こうした活動を対象とする商業教育においては、今日の時代思潮のなかに求められている「生きる力」を身につけ、商業・ビジネスに関わる専門的知識・技術を習得して活躍することが社会に貢献することが可能となる。

　本来、商業に携わる人びとに求められる資質としては、商業活動の基本である、どこに消費需要があり、それを充足させるものがどこにあるかを探し求める鋭敏な情報力と商品の生産と消費を結ぶ場所、時間、人との隔たりを克服して利益を得ることを為す才覚が必要であり、こうした商業活動を担う人びとの資質としては、才覚、先見性、判断力、実行力、などが必要とされる。したがって、これらの資質は「生きる力」と深く結びついているものである。

（3）流通革新の旗手となる人的資源を供する

　わが国に新教育制度が導入されてから60余年が経過し、この間に社会・経済は復興、再建、成長、安定、成熟などの段階を経て、現在はGDP（国内総生産）500兆円という豊かな社会に推移している。この経済発展と軌を一にして国民の教育的欲求は拡大

〔表2-1〕高等学校卒業者の進路状況(学科別の進路状況)：文部科学省

学科種別	人数(人)	進　路　(％)			
		大学・短大等	専修学校・公共職業能力開発施設等	就職者	その他
専門高校計	199,812	20.6	23.5	51.9	4.0
農業科	26,599	13.2	29.0	53.2	4.5
工業科	81,325	14.5	17.6	64.7	3.2
商業科	67,064	23.5	28.0	41.9	4.6
水産科	2,974	14.9	17.5	63.8	3.9
家庭科	13,345	24.3	31.9	38.0	5.9
看護科	4,673	86.7	8.9	3.4	1.0
情報科	893	36.1	34.8	22.8	6.3
福祉科	2,939	18.6	25.2	52.3	3.8
その他の専門学科	33,658	67.7	20.2	5.5	6.6
総合学科	53,344	35.1	32.0	26.2	6.6
普通科	760,578	63.2	22.4	8.3	6.1
総計	1,047,392	53.8	23.1	17.4	5.7

※平成26年3月卒業者。就職者には就職進学者は含まれない。
出典：文部科学省「学校基本統計(学校基本調査報告書)」

を続け、大学等高等教育機関への進学率76.9％（大学・短大53.8％、専修・各種23.1％）に達している（平成26年度）。

　この事実を見る限り、教育は常に社会の変化に対応し、自らを変革していかなければならないことを示しているが、この進学率の上昇は豊かさとともに高学歴社会、知識基盤社会への推移を意味し、学校教育全体に大きな変革をもたらしているのである。つまり、大学等への進学率の上昇は社会のあり方を反映しているものであり、今日の社会的風潮として、いかに高い社会的ステータス、高いライフステージの生活、豊かさと充実した生活などを得

るかが大きな関心となっており、そのために、一流大学、一流企業、高級公務員などをめざして受験が展開されている面がある。今、大学等は多種多様に存在しており、一概に言うことはできないけれども、受験の手段として初等中等教育段階から受験に有利な普通科志向が強まり、偏差値重視の教育が展開されている。それゆえ、職業に関する専門高校は教育内容の規定から大学等への受験は不利であり、敬遠される傾向がみられ、生徒の質・量においても衰退している現実がある。平成25年度新規高校卒業者全体での、1,047千人のうち、専門高校計199千人（19.0％）であり、普通科76万人（72.6％）で圧倒的に普通科の占める比率が高くなっている。また、商業科は、67千人（6.4％）と少なく、そのうち就職者は41.9％であり、約60％の生徒は大学等高等教育機関へ進学している。

　こうした経済発展に伴う大学等高等教育機関への進学率の上昇は、ますます普通科志向が強くなり、職業に関する専門高校の存在意義を弱め、理科教育及び産業教育審議会・答申（1998年）にみられるように、今後の専門高校は、将来、大学等高等教育機関に養成される高度の専門的な知識や技術・技能を有するスペシャリストの基礎を培う役割を担う教育として位置づけられている。つまり、従来の特定分野の専門的知識技術を目指したものでなく、広い適応性をもった基礎教育であることが望ましいとしている。したがって商業に関する専門教育で育成する人材観は、広汎な職業に通じる「職業人」を育成することをねらいとされている。

　以上にみられるように、商業教育を取り巻く環境は大きく変化している。つまり、産業社会では求められる知識や技術が高度化へと進む一方、社会では高学歴化に伴う社会思潮は大きく変化し、

教育における新規高卒者の進路状況は大きく変容し、普高職低の状況を生み出している。その結果、牛の角を矯(た)めるが如く、職業に関する専門教育は高い専門性から低い専門性が志向され、めざす教育は将来のスペシャリストの基礎を培う特色のない教育への転換である。

　商業教育が次世代における有意義な教育として存在意義を見い出し、存続・発展していくためには、弱体化した職業教育の優れた特徴を再構築していかなければならない。つまり、新しい時代に重視されている商業・ビジネス戦略要素とされる、イノベーションやマーケティングなどを含む商業教育の原点回帰を図るとともに、ランチェスターの原則を応用し、様々な分野に手を伸ばすことなく、商業の本質に則り、商品の流通（製造、販売を含む）に関わる分野に特化し、商業教育のコアコンピタンスを確立していくことが今後の商業教育の活路と存在意義につながり、新しい存続・発展の意義を見い出すことができる。

(4) 新しい商業ビジネスのコンセプトを確立する

　いま、商業教育が伝統的な商業のコンセプトからビジネス活動を主体とした教育への転換が求められている背景には、今日の科学技術の進展をはじめ、グローバル化やインターネットを主体とした情報テクノロジーの発達と応用がすすみ、生産と消費に関わる産業・企業の活動のあり方が大きく変化しているからである。そのため、これまで伝統的な商業教育が取り扱ってきた対象領域の産業が大きく変化し、従来の商業のコンセプトでは対応できなくなってきたことである。つまり、商業の機能は、商品の生産から相対的に独立したかぎりにおける流通を扱うことを意味していたが、e-コマース、e-ビジネスなどの展開によって、「つくった

モノを売る」ことから自らモノをつくり、自ら販売する流通企業が出現している。つまり、産業社会に展開している情報テクノロジーの応用は流通企業であっても、「自分でつくったモノを売る」という業態への変化である。つまり、流通企業における商業のコンセプトは事業活動にSPA（speciality store retailer of private label apparel）を導入して、自ら製品開発から原材料の調達、製造、物流、販売を行う「製造小売業」（日本標準産業分類では卸・小売業に分類）やPB商品開発の総合スーパーやコンビニエンスストアの出現である。これらの流通企業は従来の商業の機能と、商品を生産して経済価値を生み出すビジネス（事業）活動を合わせて展開するものである。したがって、SPA業態やPB開発業態の流通企業にあっては商業のコンセプトだけでなくビジネスのコンセプトを同時にもって事業展開を行う新しい流通企業である。

　P.F.ドラッカー（Drucker）は、ビジネスについて、「ビジネスとは企業が社会貢献を通じて顧客に満足を提供し、その代価として代金を受け取る仕組みであり、"真の顧客"を創造していくプロセスである」、また、「事業は、組織に経営資源を投入し、経済価値を生み出すまでの一連のプロセスである。」[注1]

　このようなビジネスのコンセプトは、商業を主とする流通企業だけでなく、生産を主としている農業、工業、水産業、その他産業にも広く当てはまるコンセプトである。それゆえ、生産・流通・消費からなく経済循環における生産サイドといわれる農業、工業、水産業、その他産業の事業活動に適応されるこれることはもちろんであるが、今現在、SPA業態の流通企業といわれる製造小売業の事業活動において、商品の製造から経済価値を生むビジネス活

（注1）P.F.ドラッカー著『創造する経営者』、ダイヤモンド社、1964年、114頁

動を含むものであっても、基本的には流通という事業ドメインにおいて、商業の原理、原則にもとづいて活動が行われている。

つまり、生産・流通・消費からなる経済循環が成り立つためには、主に生産サイドの農業、工業、水産業、その他産業での生産物の生産と、それらを消費へと社会的移動させる流通を担う産業が不可欠であり、流通企業の事業ドメインは商品流通を主体とした商業コンセプトにもとづいているものである。

したがって、時代の変化のなかで、物事について再定義が多くみられるように、商業教育における商業コンセプトの再定義が求められることは当然であり、これまでの「つくったモノを売る」ことから、「自らつくったモノを自ら売る」という、商業コンセプトへの再定義であり、「事業」（ビジネス）活動を包含した新しい定義として「商業ビジネス」が考えられる。その理由は、今日の産業社会に見られる「宇宙ビジネス」とか「水ビジネス」とか「介護ビジネス」など特定の分野に展開する事業活動についての呼称がみられるように、生産・流通・消費の経済循環における流通産業の分野を対象とする商業活動およびビジネス（事業）活動を統合した事業活動として、「商業ビジネス」として定義することも可能と思われる。

しかるに、現行学習指導要領改訂にみる「商業の目標」においては、「ビジネスの諸活動を主体的、合理的に、かつ倫理観をもって行い」とあるが、ビジネス諸活動を行う「経済主体」は何か、について明確な説明がなされていない。つまり、商業の目標に掲げているビジネス諸活動を行う経済主体とは、国民経済の経済循環である、生産・流通・消費における「流通」が一つの経済主体となっているからである。流通という経済主体は、生産物の社会的移動にかかわる機能を果たしているものであり、この経済主体

第2章　現代商業教育の意義と目的

を構成しているものは、SPA業態の製造小売業、卸・小売業などによって構成されているものである。

それゆえ、商業教育の商業の目標が対象としている経済主体は「流通」であり、広く社会一般に存在している経済活動を対象とするものでなく、それは産業教育の範疇に属した特定の領域を対象に、「商業ビジネス」に関わる流通という経済主体と機能を果たすものである。

したがって、国民経済における経済主体として流通は、現在みられるように、商品の流通に関わる商業資本による営み（商業）と、商品の生産という産業資本による営み（ビジネス）とが統合された業態を含む構造に発展しており、今日の経済主体としての流通は流通産業（retail industry）と規定されているように、新しい時代を迎えても商業教育が対象とする対象領域は明確にしておく必要がある。

（5）商業のミッションを果たす人材を育成する

歴史的にみられる産業の発達過程における商業の存在理由は、時代が変わっても人間の経済生活が成り立つためには、「どこに消費需要があり、それを充足させるものがどこにあるか」、「どの商品がどこに余っているか」、「どの商品がどこに不足しているか」などの情報を鋭敏にキャッチして、市場を通じて生産と消費との間にある、場所、時間、人の隔たりを調整して利益を営むことが基本になっている。これを営む者が商業人あるいは商業（卸売、小売業）就業者として約1,100万人が統計上にも計上されている。

以上のような活動を対象として働く人々を含めて、現行学習指導要領改訂・同解説・商業編では、「職業人としての倫理観や遵法精神、起業家精神などを身につけ、ビジネス諸活動を主体的、

合理的に行い、地域産業をはじめ、経済社会の健全で持続的な発展を担う職業人を育成する観点から教科の目標の改善を図った」としている。この記述に見られる商業が目標とする人材観は、1998（平成10）年、理科教育及び産業教育審議会による「今後の専門高校における教育の在り方等について」（答申）にもとづく捉え方としてみることができるが、現実の産業社会において商品の流通という特定の機能と領域に就業する人びとは、商業従事者は商業人であって、広汎な不特定多数の職業を対象とする職業人とは異なる認識が必要であり、商業教育における商業の目標の中で職業人というとらえ方は、商業がビジネス諸活動であるとしても妥当性に若干疑問が感じられる。

　いま一つは「地域産業をはじめ、経済社会の健全で持続的な発展を担う」としている点である。最近、地域の創生とか、地域産業の振興とかいわれているが、これらに使用されているフレーズは、「地域の商業振興」とか、「地域へ商業施設の誘致」などであり、ビジネス振興とか、ビジネス施設の活性化などとはいわれていない。このように、地域産業の発展に際しては商業という冠がついているものが多く、商業というコンセプトは社会通念として一般社会に現存しているとみることができる。

　したがって、社会における商業教育の役割や育成する人材観は、社会通念に照らして商業人の育成の方がよいと思われる。

　また、商業人が職業人と違う点については、作家・司馬遼太郎は小説『覇王の家』の中で、「商業という、人間の意識を変える不思議な機能があり、それは一文の原価のものが、ときには百文になるという魔術的な可能性をもった世界にいる人間にとっては、自分の能力を信じ、その能力しだいで、どういう奇跡をも生み出す信仰をもっている」と言っているように、商業人は特異な

才能を持った人間であることを言いあらわしている。

今日みられる小売業のファーストリテイリング（ユニクロ）創業者柳井正氏の生き方にみられるように、産業社会がどのように変化しようとも商業活動とそれに携わる商業人（卸・小売業）の活躍は時代を超えて存在することは明らかである。それゆえ、商業教育の成り立つ基盤は社会に存在しており、商品の流通（SPAを含む）にかかわる商業活動は不可欠であって商業教育の存在意義がある。

2．現代商業教育の目的

(1) 個性重視の原則で商業教育の特色を生かす

商業教育は、教育基本法の精神にのっとり、学校教育法の規定を受けて、商業・ビジネスに関する知識・技術を習得する専門教育を通じて社会に貢献することを目的としている。

その基本は、今日の資本主義経済の構造を基本的に構築している商品の生産＝流通システムとして、生産者と消費者を結ぶことを基本とした商業・ビジネス活動を行うものである。この活動を担うのが商業者（卸・小売を主とした流通業者）であり、商業教育が基本的にめざす人材である。

第1の視点として、商業教育は、産業教育の一環として、国家・社会の必要から発想されていること、すなわち、国民の経済生活の成立のために商品・生産物の社会的移動にかかわる生産＝流通システムの機能を担い、経済価値を生み出すことをめざしている。

第2の視点は、国際化、情報化の進展に伴う国際的な商品流通に対応ができる感覚や意識を持ち、また、国内的にも商品・生産物の社会的移動に関わる流通機構や流通機能の変化に対応できる

専門的知識や技術をもったスペシャリストを目標とした基礎・基本を培う教育としての商業教育を確立することをめざしている。

第3の視点は、生涯学習の視点を踏まえて、今日の高学歴・知識基盤社会の到来の中で、常に学習を継続していくことが求められているが、専門高校としての商業教育においても、その特性に沿った教育の展開が必要である。商業教育は、今日の科学技術の進展に伴う産業活動の複雑化、高度化における商品・生産物の社会的移動にかかわる商業の機能や商的ビジネス活動を主体として展開される活動を対象とするものであり、農業、工業、水産業、などモノづくりの生産サイドといわれる活動とは性格を異にしているものである。

つまり、商業教育が対象としている商品・生産物の社会的移動は、市場を通じて展開される売買取引に関わる専門的知識や技術・技能及び商品・生産物の売買に伴う、商的才覚や商的器量、先見性、実行力などといった人間的資質といわれる要素が作用している。

重要な点は、商品・生産物の売買に関わる知識・技術等は年齢に関係なく習得が可能であるのに対し、商的才覚・器量、先見性、実行力などは、教育の適時性の概念によって年齢と深く関係しているものである。

つまり、今日の高度化、複雑化している産業社会では専門的知識・技術の習得は高度の大学等高等教育機関に学ぶ者にとって十分可能であるが、売買に伴う商業の特性といわれる、商的才覚・器量、先見性、実行力などは教育の適時性、継続性に深く関わっているものであり、専門高校に学ぶ15歳～18歳の年齢において涵養することが最も有効であるとともに、さらに継続して涵養していくことが将来、商業にかかわる分野で成功をおさめ、自己実

現とともに社会に多大な貢献をなすことが期待できるのである。そうした意味から、専門高校における商業教育の存在は重要な役割を果たしており、さらに振興・発展させていく必要がある。

 第4の視点は、個性を重視した教育の推進である。今日の高学歴社会では、高校進学率は97％に達し、学校教育における能力・適性の観点は、大学等高等教育機関への進学を視点とした受験準備教育の性格が強くなっている。したがって、能力・適性の尺度としては個々人の学業成績にみられる、学力あるいは偏差値などが重視されている。人間はいろんな種類の能力（潜在的なものを含めて）を有しており、それがどんなものであるかは判明することは難しく、暗国大陸ともいわれている。いわゆる、学力という一種の能力については、心理学者、ジャン・ピアジェ（Jean Piaget）は実験から、人間の学力という一種の能は、個々人に能力差があるというよりは、その人間が持つ興味の度合いや学習の方法がどうあるかによって違いが生じてくるもののようである。また、人間の適性能力というものは与えられた教育の形式に適応していくことができる能力であるとも言っている[注2]。

 次に、現在の高校進学率の上昇にともない生徒の適性がいっそう多様になってきたことは事実である。一般に適性といった場合は職業適性を指す場合が多いけれども、人間の適性は、その人間にとって固定的・宿命的なもの、あるいはその人間が現在なんらかの職業に就くのに適した状態にできあがっていることを指すものでなく、どう開発し、どう涵養していくかの問題である。つまり、人間の適性というものは、ある程度の特有性なり、他人と区

（注2）J. ピアジェ著、秋枝茂夫訳『教育の未来』、法政大学出版局、1982年、14－15頁

別される個性的なものであると同時に、また変化していく面を有しているものであって、どの方向に向かって育成するかは本人の興味・努力が重要な要素となっている。それはちょうど植物の種子が芽を出すかどうかは、発芽に必要な条件のあり方によるのと同じく、人間の適性についても、学校教育のかもし出す多くの条件によるとことが大きいといえる。

職業教育として商業教育がかもし出す条件は商品・生産物の売買・流通（一部生産を含む）を基本にした商才、商的器量を涵養することによる人間の意識の変化が生まれる要素があり、より人間的な教育の場であるといえる。したがって、個性、能力、適性などは、植物が発芽する条件を備えているかどうかにかかっていると同じように、商業教育の内容や特徴のあり方が大きく作用しているといってよい。この場合、最も大切なのは、中学校から高校への進学に際し、進路指導において生徒の適性・能力・興味・関心をいかに的確に把握し、偏差値に依存するだけでなく、将来の可能性を見据えた進路指導が必要とされるのである。

(2) 商業教育は国民生活の向上と経済成長に寄与する

商業教育は、時代の進展に対応して、産業教育の一端を担い、専門教育として教育基本法及び学校教育法の精神に則り、人格の完成をめざし、国家及び社会の形成者として必要な資質を備えるとともに、主に国民経済における流通の経済主体で商行為を遂行する資質を備えた人間を育成することを目的としている。

したがって、商業教育は他の職業に関する専門高校とともに、産業構造の高度化と技術革新に伴い、生産サイドの充実・発展と、生産と消費を結ぶ流通の合理化・効率化が進むなかで産業経済の振興と、国民生活の向上に資するため、商業や流通ビジネスに関

する専門的知識や技術・技能を習得して社会に貢献する人材を育成することをめざしている。

　本来、商業の営みである商品流通に関わる特定のしくみは、資本主義経済の構造を基本的に構築している商品の生産＝流通システムとして資本主義経済にとって不可欠なものであり、それを担っている経済主体が流通企業・産業（retail industry）である。

　今日、ICT（情報通信技術）を活用した流通に関わる企業活動は、これまでの商品流通が主として商業資本（商業）によるものであったが、ICTを活用することによって、流通企業でありながら生産段階まで介入し、産業資本（ビジネス）による商品の生産を自ら行うとともに、自ら販売する業態（SPA業態といわれる製造小売業）が多く出現している。したがって、こうした業態は、商品の販売に関わる商業活動と、商品の生産に関わる産業資本によるビジネス（事業）活動を統合した経営活動を行っている新しい流通企業である。それゆえ、こうした業態の流通企業については従来の商業に関する知識・技術だけでは解明ができなく、産業資本による経営資源の運用を含めたビジネス（事業）に関する知識・技術が必要とされる。また、製造小売業の他に「製造販売会社」（デル・コンピューター）などの出現がみられ、商業教育における「商業の目標」は従来の商業活動と商品の企画・製造・販売を行うビジネス活動を統合したものになっている。つまり、コンセプトとしては「商業ビジネス」という捉え方が妥当であるともいえる。

(3) 商業ビジネスのスペシャリストを育成する

　学校教育における商業教育は、教育基本法の精神に則り、産業教育の一環として現実の社会、経済、産業のあり方に対応するな

かで、主に流通ビジネス（商業）の機能を担い、社会、経済に貢献することをめざしている。

商業教育の社会・経済への貢献は、わが国経済の成長・発展に資するとともに国民生活の向上に役立つ商品・生産物の社会的流通を担うことを目的としている。したがって、この目的の実現のために働く人材観は、流通ビジネスに必要とされる、商的才覚、器量、先見性などを身につけ、流通ビジネスに関わる専門的知識・技術及び技能を有し、個性豊かで常に革新的な考えを持って物事に取り組む人材である。

古代ギリシアの哲学者プラトン（Platon）は、「各個人が人びとに、あるいは社会全体に利益になるような方法で自分が将来適当とした仕事をなす場合、社会は確乎たる組織を有するものであって、教育の職分はこの適性を見い出し徐々にこれを養育して社会的用途に充てることにある」[注3]と言っている。この提言は時代が推移しているものの現代の人間社会に当てはまるものであり、商業教育のめざす指標として個性、適性を開発し、時代に対応した人間形成を図るとともに、商業ビジネスを通じて社会的用途に貢献する人材の育成をめざすものである。

このプラトンの言葉に沿って、現代的視点から商業教育の特性と役割についてみた場合、他の職業に関する専門教育にも一部みられるところであるが、商業教育が対象としている領域における主たる活動は、商品の売買という商行為を基本としていることから、この「商売」という行為を行う際に求められる人間の資質が重要な意味をもっている。つまり、「商売」を行うに際しては、一

(注3) ジョン・デュウイ著、帆足理一郎訳、『民主主義と教育』、春秋社、1955年、98頁

般的な知識や技術・技能を有しているだけでなく、才覚や機智、先見性、実行力などの資質を持っていることが大切である。

　小説家、司馬遼太郎は、小説『覇王の家』のなかで、「商売は人間の意識を変える不思議な機能がある」、また、「物品は商人という不思議な機能をもつ人間の手で諸国に運ばれていく」と言っているように、人間生活の必需品は生産者から消費者を結ぶ機能や機構のもとで、単に物財を右から左へ移動するのではなく、利益をめざした鋭敏な才覚が必要とされることを意味している。いつの時代でも生産された物財が消費に結びつく「商売」を行うに商人の存在が不可欠であり、その商人（商業人・ビジネスパーソン）の資質は特異なものとして把握され、そうした人材の育成を対象としていることに商業教育の特異性をみることができるのである。

　こうした観点から、商業教育の特異性を見るとき、商業教育が育成する人材の教育について重要な一つの概念として、教育における適時性がある。この適時性については、インプリンティング(刷り込み)の概念として、人間の成長、発達の段階からみて、その年齢にしか学ぶことのできない最適の時期があるとするものである。

　よく、歌舞伎の世界では、「六つの時の芸を忘れるな」といわれるように、幼少の時から芸を修業することによって、やがて文化勲章の受賞に値する芸の域に達することができたものと思われる。また、スポーツやその他の分野でも同様なことを見ることができる。

　こうした人間の成長・発達の段階と教育の適時性について、臨時教育審議会の「教育改革に関する第二次答申」（昭和61年）において、「……この人間のライフステージ別、発達段階の学習・教

育について、その連続性、適時性、選択性等の諸問題に十分配慮する必要がある」、また、「初等中等教育段階においては、基礎・基本の徹底、自己教育力の育成、教育の適時性等に配慮する」と提言している。

こうした教育の適時性の観点から商業教育の特性について考察した場合に、前述したように、商業教育が対象としている商業・ビジネスの領域における「商売」に関わる仕事・職業に携わる人びとに必要とされる資質は単なる知識や技術・技能だけでなく、才覚、機智、先見性、実行力などが大切であり、これらの資質を身につけるためには、人間の成長・発達段階における適時性が大きな意味を持っているものである。

学校教育における商業に関する専門高校に学ぶ生徒の年齢は15歳〜18歳という成長・発達段階にあり、このライフステージにおける教育の適時性から商業教育を考察した場合、「商売」に関わる特異な資質を身につけることは、歴史における豪商をみるまでもなく、将来、社会に雄飛する人材の素地を商業教育の場で身につけることによって産業社会のリーダーになることを期待することができる。これが商業教育の特性であり、役割である。

（4）地方創生のアントレプルヌールを育成する

いま、地域の振興・発展に商業教育の役割が期待されていることは、商業の専門高校の教育が有する特質が、商業ビジネスの原理・原則を弁えて、知識や技術を習得するとともに、商業ビジネスの実践的行為において「商売」に必要とされる、才覚、機智、創意、工夫、実行力などの能力に富んだ人材を輩出しているからである。

今日、地方自治体がかかえている問題は、わが国の人口減少と

少子高齢化によって地域経済の沈滞と財政の逼迫などの問題である。特に、人口減少や労働力の減少は、地域経済にインパクトを与える要因であり、地域の振興のためには産業を振興し、雇用を増やして地方自治体の人口を維持し増加することが必要となっている。つまり、地域住民は、「生産者」であると同時に「消費者」であり、「消費者」についてみると、人口減少は消費需要を中心とする地域購買力の縮小要因となるとともに、自治体の税収の減少をきたして地域の豊かさを阻害することが懸念されるからである。

　そのため、地方の自治体は「まちづくり総合支援事業」を策定して、地域商店街の活性化、地域産業の振興、商業施設の再開発などを推進している。なかでも、IT化、オープンネットワークを活用して、地域に存在する資源を有効に活用することを目指し、地域の特産品の販売による市場開拓や伝統工芸、自然、歴史遺産などを活用した観光事業に力を入れている傾向がみられる。

　こうした多様な政策を推進していく際に求められるのが、ユニークな発想、創意・工夫、実行力などに長けている人材である。商業に関する専門高校に学んだ人は、教育の適時性を生かした創意、工夫、才覚、機智、実行力などの資質・能力や起業家精神を身につけており、大学等の高度な専門的知識・技術の習得がなくとも、地域の振興・発展にとって重要な人材となりうるのである。特に、最近拡大しつつある地域の特産品の全国販売や商品開発などにおけるマーケティング戦略やイノベーションが重要であり、これらの機能を発揮できるのは商業ビジネスを学んだ人材を育成しているのが商業に関する専門高校が重要な役割を果たしているのである。

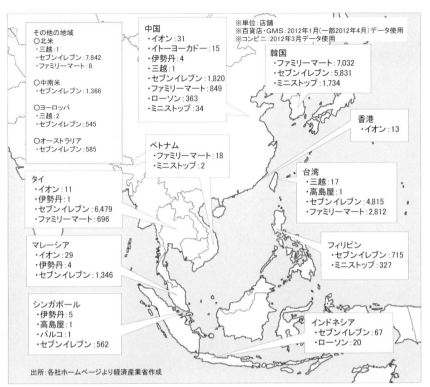

〔図2-1〕小売業の国際展開の現状

(5) 商業ビジネスの国際化を推進する人材を育成する

　いま、わが国の大手小売業は、ASEAN、中国をはじめとするアジア地域の急速な経済成長と経済の活性化が進むなかで海外進出による事業展開を拡大している。これまで、アジア諸国における事業展開に際しては、社会制度や文化、習慣などの違いから、様々なカントリーリスクが存在していたが、アジア地域における経済の発展と自由化が進んだことやFTA（自由貿易協定）を締結する国が多くなり、様々な規制緩和が進められてきていることから、事業の海外展開が拡大しているとみることができる。

　また、グローバル化のもとでの商品調達は低コストの海外基地

において、安価で良質な商品が開発される一方、小売業主導の商品調達機構（エレクトロニック・マーケットプレース）において、世界中のサプライヤーとの共同商品開発や効率的な商品調達の取り組みがみられる。あるいは、ユニクロ（ファーストリテイリング）にみられるように、グローバルパーチェシング（国際的商品調達）の観点から、低価格と相対的な高品質と安定的な商品供給を実現している企業がみられる。〔図2-1〕は大手小売業の国際展開の状況であるが、CVS（コンビニエンスストア）の増大がめざましく、さらに拡大していくと予測されている。

　商業教育は、従前の「国際ビジネス」科目から「ビジネス経済応用」科目に変更されているように、国際的な経済活動についての視野から知識・技術の習得をめざしているが、商業教育における大切な視点は、商品の需要と供給に関わる商品調達について、国内、国外を含めた「商売」に関わる商業・ビジネスの教育が重要であり、今後は国際的な事業展開に貢献していくことが求められている。

3．現代商業教育の理念

（1）産業経済の発展と豊かな社会の実現をめざす

　今日、わが国の産業経済社会はIT化やグローバルな経済の展開によって大きく変貌し、国際的な商品流通の拡大とともに商業に関わる活動のパラダイム・シフトが生じている。しかし、商業教育は、第一義的には産業経済の発展及び国民生活の向上に資する役割の必要から発想されている。

　それゆえ、教育基本法の精神に則り、人間としての完成をめざし、平和で民主的な国家及び社会の形成者としての自覚のもとで、

資本主義経済における生産と消費の媒介運動を行う産業資本がつくり出す商品を流通機構や流通機能によって消費に連結させることを商業教育は目的とするものである。つまり、商業活動は、資本主義経済における他の産業活動と融合しながら深化した社会的分業から成り立つ生産と消費との連結を図り、商品の需給調整機能の役割を果たし社会全体に貢献することを目的としている。

　第二義的に、商業の役割は社会における生産と消費との商品流通における、場所的、時間的、量的、質的懸隔を有効に媒介し、社会的流通費や流通時間の節約という経済効果を担うものである。

　この懸隔媒介を担当するのが商業資本であり、具体的には卸売（問屋）業・小売業であり、卸売（問屋）の多段階化、商品別専門化や小売業の多様な展開が行われている。

　今日、商業（卸・小売）が国内総生産（GDP）に占める割合は66兆9,226億円で14.3％（平成24年）であり、全産業の順位は第3位である。また、商業の補助的機関とされる金融、保険業、不動産業、運輸・通信業の生産額を含めると194兆8,355億円（41.0％）を占めている。

　さらに、グローバル経済の進展とインターネットを主体とした情報技術の発達は地理的条件がもはや競争要因でなくなり、世界の各地から調達がなされて、商品の需給調整に大きく貢献している。また、コストや情報による競争優位の原則にもとづいて卸売業、小売業の海外店舗の進出が拡大しており、国内総生産（GDP）の増大に大きく貢献している。

　このように、商業（卸・小売）はわが国の資本主義経済の構造において商品流通の機能を担う重要な産業としての地位を占めており、商業教育の対象として重要な意義を有しているのである。

第三義的に、商業の職業（仕事）を通じて社会に貢献する人間の育成である。産業界では、農業、工業、水産業やその他産業の分野で、それぞれの特質を発揮して社会に貢献する人間貢献できる人材を輩出しているように、商業のフィールドで商業の特質（才覚、先見性、決断力、実行力など）を発揮して事業をなし、社会に貢献する人材の育成をする責任を負っている。

（2）商業ビジネスを通じて自己実現を図る

　現代の経済発展は働く意欲を減退させる傾向がある。文明史の上で人間は働くことは生きることにつながり、人間であることのうち最も基本的なことであった。プロテスタンティズムの倫理にみられるように「働かざる者は食うべからず」という倫理は働こうとしない怠惰な人間は食べることを許されない。食べるためには真面目に働かなければならないというものである。しかし、時代の進展に伴い、近世に至っては科学技術などの進歩により、これまで人間が働いていた仕事のやり方や働き方について知識・技術の発明によって財を生産する労力は軽減されてきた。最も典型的な変化としては18世紀末から19世紀初めに起こったイギリスの産業革命である。この産業革命の原動力となったのは蒸気機関であり、人間の単純な力仕事を機械に置きかえた工場制機械生産の発達により人間の働き方や働くことの価値観が大きく変化することになった。やがて近代化、産業化の過程で経済は科学技術の進展と軌を一にし、軽工業から重工業化へと発展し、人類社会に物的生産の拡大による豊饒の生活をもたらすことになった。こうした資本主義経済における機械化のハードパスを追求することによって豊かな社会を実現することができたが、しかし、こうした量的拡大は有限であることの認識が提起され、人びとの意識は文

化的・精神的豊かさを求めるようになり、生活領域の質的変化に対応した経済のソフト化、サービス化へと新たな展開がなされ、脱工業化社会への構造変化として情報化、知識集約化を特徴とする産業社会へと転換することになった。

特に今日の経済に変換をもたらしているIT（information technology）は新産業革命の原動力といわれ、情報通信技術がコンピューターのソフトウェアとなって、これまで工業化社会で作用していた単純な知識・技術や熟練などは生産活動の場で不要なものとなっている。つまり、インターネットを中心とした情報システムの展開は企業の新しい生産システムやビジネスモデルを生み出し、人間の働き方や就業能力（エンプロイアビリティ）に新たな変化を与えている。

一方、経済的繁栄としての指標といわれるGDP（国内総生産）は、2013年には500兆円に達し、所得（分配所得）の格差がみられるものの先進国としての豊かさを多くの人びとは享受している。これまでわが国にみられた経済の成長プロセスにおける社会思潮は成長さえすればよい "growth addiction" が普遍的信条になってしまったといってよい。しかし、今日の経済のグローバル化、ボーダーレス化は自由競争の新たな展開がはじまっており、一国の経済運営だけで繁栄を遂げることは難しくなっているけれども先端技術の開発をはじめ著しい技術革新を持続していることから豊かな生活領域を享受している。

しかし、繁栄した豊かな社会は必然的にいくつかの陥穽を余儀なくされるのである。

スウェーデンのノーベル物理学賞受賞者であるデニス・ガボール（Dennis Gabor）は『成熟社会』（Mature Society, 1972）において、「現在の危機は飽和状態（saturation）が招いた危機であ

る」^(注4)ことを指摘している。

　いわゆる今日の資本主義のもとでは自由競争による成長への期待であったが、今や生産の飽和状態とあいまって労働者のなかに期待革命（働かなくても食える）を起こし、自由主義経済を重大な危険にさらすことになったと指摘している。例えば、わが国のGDPが1955（昭30）年に8兆円であったのが2014（平成26）年には525兆円となり、約60倍になったから衣類、食料、住宅、サービスその他を60倍消費することはない。まさに飽和状態となっているのである。経済では生産と消費は車の両輪のようなものといわれるが、このバランスは難しいのが現実である。

　経済が豊かになると、心理経済学が重要であるといわれるように、人間の心理を誘導する経済政策が実施されないと、マーケティングの用語に見られる消費サイドの計画的陳腐化（obsolescence）が進まないのである。

　また、最近の社会問題化している若者のフリーターやニートの増加は豊かな社会に到達した社会に生まれてきたものである。特にニート（Not in Education, Employment or Training）は若者が「学びもしなければ、就職もせず、職業訓練も受けない若者」といわれる人びとを指し、イギリスで生まれたことばであるが、わが国でもこうした若者が増加しつつあることで問題になっているのである。

　〔表2−2〕にみられるように、フリーター・ニートとも2009年から2012年にかけて横ばい状況になっているが、人数は過大であり社会問題にもなっている。その要因としては、一つは平成3（1991）年から平成4（1992）年に起こったと認識される日本の

（注4）デニス・ガボール著、林雄二郎訳、『成熟社会』講談社、1973年、4頁

〔表2-2〕日本のフリーター・ニートの推移 (万人)

	2009年	2010年	2011年	2012年
フリーター	178	183	184	180
ニート	84	81	81	83

出所:内閣府政府広報室

バブル経済の崩壊である。株価の暴落をはじめ経済活動は景気低迷へと推移し、雇用の減少がはじまり若者の就職は厳しい状況におかれることになったことである。その二つは、労働力を供給する側にある教育のあり方の変化である。教育は常に社会のあり方と対応し、社会の変化とともに教育自らも変革するものでなければならないといわれるように、1980年代の日本の教育は豊かさと進学率の上昇に伴う激しい受験競争が展開されており、教育活動は画一的、硬直的な詰め込み教育が行われている反省から、昭和60 (1985) 年に臨時教育審議会の一次答申が提出された。その中心的な論点として、激しい受験競争の弊害を是正するため、「個性重視の原則」を掲げ、従来の偏差値偏重、画一的な詰め込み教育から創造性、考える力、自ら判断し行動する力、表現する力などを重視した教育の推進が必要であると提言している。つまり、個性重視の教育の推進は、教育基本法(第2条)に規定しているように、個人の価値を尊重して、その能力を伸ばし、創造性を培い、自主及び自律の精神を養うとともに、職業及び生活との関連を重視し、勤労を重んずる態度を養うことは、商業教育においても重要なことである。

今日の我々の社会は、デニス・ガボール (Dennes Gabor) が指摘しているように、物質的には科学技術という確固たる基礎に依存しているものの、精神的には何の基礎を持たない文明であり、

豊かさに対応した精神的な文明の構築に向けた努力が問われているのである。若者のフリーターやニートといった問題は豊かさの文明病の一つとみることができ、若年層の勤労観、職業観をどう醸成していくかが重要な問題である。

(3) 独立自尊の商業人として社会に貢献する

　教育哲学者であるプラトン（Platon、B.C.427－347）は、「各個人が人々に、あるいは社会全体に利益になるような方法で自分が生来適当とした仕事をなす場合、社会は確乎たる組織を有するものであって、教育の職分はこの適性を見い出し、徐々にこれを養育して社会的用途に充てることにある」と述べている。今日の発達した社会における商業教育においても、人間育成の立場から個人を尊重しながら商業のフィールドを通じて人間の適性を開発し、現代的商業人（スペシャリスト）の資質を有する人間として、何らかの社会的用途に貢献することが求められている。しかし、職業の社会的用途についての職業観、勤労観は希薄である。

　今日、インターネットを主体とした情報テクノロジーの発達と応用がすすみ、技術や産業や他の分野と結合し、新たな産業・企業を創造している。流通の分野においても製造業の機能と小売業の機能を合わせ持つ「製造小売業」という、従来の産業分類ではみられなかった新しい業態が出現している。この製造小売業の原点にあるものは、消費者のニーズに合った良い商品を、適時、適品、適量を迅速に流通させる機能である。この機能を果たすためには、自ら商品を開発し、生産を行い、自ら販売する事業システムを有する必要がある。この要求に応える企業として「製造小売業」の出現である。代表的な製造小売業として、ファーストリテイリング（ユニクロ）などがある。ユニクロでは「店長は独立自

尊の商売人たれ」^(注5)といわれ、「商売」ということばが多く使われているという。その意味するところは「商人意識」を植えつけることを目指している。たとえ知性が高くとも商人意識を持たない人は「商売」に成功することは難しく、今日の流通産業の担い手としては適さないのである。商業教育は人間の適時性のもとで「商人意識」を持った人材を育成することも目的としているものである。

　これまで文明史のうえで人間は働くことは生きることであるといわれてきたように、働くことは人間として最も基本的なものとされてきた。プロテスタンティズムの倫理における「働かざる者は食うべからず」にみられるように、働こうとしない怠惰な人間は食べることは許されないことを意味している。これを現代風に解釈したらどうなるであろうか。おそらく「人間はパンのみにて生きるにあらず」ということになり、人間として生きるということは、もっと高尚なものであり、知識や芸術文化など精神的豊かさのあるライフスタイルを意味するといわれるであろう。確かに今日の社会においては科学技術の進歩によって生産力は発達し、経済循環においても均一な供給から多様な選択へといわれる時代を迎えている。つまり均一な欲望やニーズを前提とした商品・サービスの供給から人間の欲望や価値観の多様性に応じたものへの転換が求めるものであり、こうした人びとの意識の変化は物質的充足だけでなく、文化的、精神的豊かさを求める傾向は強くなっていることは確かである。そして、また「真の豊かさとは何か」が問われているのである。

　今日の豊かな社会あるいは成熟社会といわれる時代に生きるこ

（注5）月泉博著『しまむらvsユニクロ』、日経ビジネス文庫、2011年、118頁

とへの意味、人間性のあり方について、真面目に働くという「モノの生産」の原理が社会的価値観において支配的であったことは確かであるが、今日では自分の個性を大切にし、自発的に多様な主体的選択を行い、個の価値観のもとで行動しようとしている人びとが多くなっている。したがって自由であるというバロメーターにおいて、それぞれが異なるもとで、自由に重きをおく個の価値観と働くことに拘束を求める社会的価値観とのせめぎあいの中で生き方を求めているのが今日の若者の姿である。そして、大多数の若者が働くことの社会的価値観を支配的に考えているのに対し、自由・余暇の個の価値観を選択する若者も少なくない。この個の価値観の支配する若者はフリーターやニートといわれる人びとである。こうした傾向は近代の工業化社会から脱工業化社会へ、さらに知識社会へと推移するなかで経済のソフト化、サービス化が進むなかで強くなっていくことは宿命的なものと考えられる。

　こうした繁栄したなかで、働くことの意義を求める場合に幾つかの陥穽が余儀なくされるのである。その一つがプロテスタンティズムの倫理にみられる「働かざる者は食うべからず」の意義が薄弱となり、自由なる個の価値観を犠牲にしてまで働く必要がないとする「期待革命」が発生し、資本主義経済に重大な危険をもたらすことである。

　いま一つは、経済における物・サービスの生産機構が科学技術の進歩や今日の情報通信技術革命などによって大きく変質し、供給が需要を上回る飽和状態が生じることである。したがって経済機構の機能的な欠陥が生じ、今日みられる景気のデフレ状況、金融のゼロ金利、所得分配の不平等からくる社会的格差などの現象

がみられる。(注6) こうした経済状況を打破する提言として、大前研一氏の『心理経済学』(2007年)がある。それによると消費者の心理を動かすことによって消費サイドの計画的陳腐化(obsolescence)が進み、景気回復が進むという新しい経済概念である。(注7)

これらの豊かさの中の陥穽が若者をして働くことの意欲を減退させている側面があり、これらを乗り越えて、働く意欲、つまり「生きることは働くことである」という社会的価値観が支配する環境と新しい時代における人間の人格に根ざした働く意義を若者に訴えていくことが必要である。

(4) 海外市場に開拓精神を有する人材を輩出する

いま、社会のあらゆる分野で国際化、グローバル化が進み、人的、物的な交流が展開されているが、商業教育の基本的なスタンスは物的側面からの商品流通に関わる商業・ビジネス諸活動である。すでに〔図2−1〕(83頁)にみたように海外に展開している大手小売業の事業進出は拡大の一途をたどっている。したがって、海外における事業展開に際して、一つは、小売業であれば商品調達の問題であり、いかに良質の商品を、いかに安く、スピーディーに調達するかにあり、PB商品の開発やそれに伴うSCM(supply chain management)の展開などが重要な要素となっている。海外進出の形態としては、①安価な人件費を目的に生産拠点を設けて商品生産を行う。②現地企業の店舗を利用し、商品のほかノウハウ、システムなどを持ち込み、提携を行う。③日本企業がフラ

(注6) トマ・ピケティ著『21世紀の資本』、みすず書房、2014年、446頁
(注7) 大前研一著『心理経済学』、講談社、2007年、84頁

ンチャイズ契約をもとに、現地企業に自国での独占営業権を与えるエリア・フランチャイズの形態で行うものである。

いま一つは、人的な側面から、こうした海外での事業展開に際して、商業・ビジネス活動を行う有為な人材をいかに確保するかの問題である。事業経営における商品調達に際しては、「商売・商取引」行為が基本であり、相手と双方向のコミュニケーションが不可欠である。よく、「商売・商取引」の失敗の80％はコミュニケーションのまずさから起きているといわれる。現行高等学校学習指導要領における「商業の目標」に、「ビジネス諸活動を主体的、合理的、かつ倫理観をもって行う」と示されているが、コミュニケーション力に欠けていれば成功は難しい。専門高校の段階では高度のコミュニケーション・スキルの涵養には難しいことであるが、将来、第一線のビジネスパーソンになることを想定すれば、コミュニケーションの基礎・基本について、しっかりと身につけておく必要がある。

米ハーバード大学でMBA（経営学修士）を取得して成功を収めている人に、「ビジネスパーソンとして成功する一番重要な要件は何か」と聞いたら、コミュニケーション力を含めた人間関係能力を挙げた人が大半で、ビジネススキル能力を挙げた人は、わずか15％しかいなかったといわれている。日本ではどうかと問われたとすれば、おそらく日本のビジネスパーソンの多くはコミュニケーション能力に欠けているという回答が多いと想定される。

いろんなところに指摘されているように、日本の教育は記憶力や理解力などに優れているけれども、人間関係やコミュニケーション力を涵養する教育が不十分であるといわれている。それゆえ、商業の専門高校に学んだ人はコミュニケーション力に長けて

いるといわれる人材を輩出する教育を行う必要がある。

　コミュニケーション力について、コミュニケーションの基本は、相手に正しく伝え、理解してもらい、納得したうえで動いてもらう、そこまでがビジネスのコミュニケーションとされる。コミュニケーションに欠かせない要素となっているのは、エトス（信頼）、パトス（共感）、ロゴス（論理）の3つであり、このうち、どれが欠けてもコミュニケーションは成り立たない（Excell-K、ドムス・インターナショナル代表松村清氏）の指摘は注目に値するものである。(注8)

　いずれにしろ、日本の小売業を中心とした流通産業の海外進出は、それぞれの企業における企業戦略のノウハウやシステムの改善やグローバル小売業主導の商品調達機構（エレクトロニック・マーケットプレース）において世界中のサプライヤーとの間の共同商品開発や効率的な商品調達が行われたり、国際的商品調達（グローバルパーチェシング）による低価格と相対的な高品質と安定的な商品供給が行われるなど、商売・商行為の国際舞台は整いつつある。それゆえ、海外の事業活動に活躍するビジネスパーソンを視野に入れた、商業の専門高校段階におけるコミュニケーション力を高める基礎・基本の実践的な教育の展開が、やがて国際化への貢献につながるものである。

　商業教育において国際的商業活動や商取引活動におけるコミュニケーション能力の育成の観点から、商業の専門学科の教科・科目の履修単位数25単位の中に5単位を含めることができる措置は、他の職業の専門学科にみられない措置であり、商業教育の特

（注8）松村清著『ビジネス基礎力の教科書』、日経ビジネスアソシエ、2013年、56頁

色とするところである。したがって、この措置を重く受けとめ、商業教育の人材育成につなげていく必要がある。

(5) 地域商業を振興する起業家を育成する

　商業教育に起業家の養成をめざした教育が今日求められている。歴史上に豪商の活躍と時代に果たした業績をみるまでもなく、いつの時代でも先見性と実行力と創造力を持った商人の登場が期待されている。

　戦後の楽しい教育制度のもとで、昭和25（1950）年に公布された高等学校学習指導要領に示された「商業の目標」においては、「3. 商業を自己の職業とする者にとって必要な知識・技能を身につけ、商業を合理的、能率的に運営する能力を養う」と記述されているように、商人の養成が重要であることが強調されていたのである。

　一般に社会の人間生活の物的な側面を支える源となっているのが、生産・流通・消費からなる循環であり、特に流通に関わる経済主体としての流通産業・企業が重要な役割を担っている。そして流通企業の経営者による先見性、創意工夫、実行力などが発揮されることによって社会は変革していくのである。産業社会の革新の旗手は起業家精神のもとで、常に産業の開業と廃業という社会的対流現象のもとで、新しい産業を創出している。この産業の創出を担う者が起業家（アントレプルヌール：entrepreneur）である。この起業家への要請は、時代が豊かになるにつれて強くなり、社会が成熟・停滞しないように常に時代を切り拓く人材が必要とされるようになる。今日、起業に関する人材養成をめざしたいろんな塾や教育機関が開設されているように、社会・経済が発展すればするほど新しい産業を興す起業家が必要とされるのであ

る。

　高校段階の商業教育において起業家の育成が大切であるとする理由は、一つは、起業家の資質として、「知的偏差値」より、「人間的偏差値（先見性、実行力、創造力、判断力など）」を有する者が事業を成功させる確率が高く、この人間的偏差値は学歴としてはあまり関係がなく、中学校卒や高校卒であっても、人間的偏差値の高いといわれる人が起業家として事業を成功させている例が多く見られる。

　商業教育で起業家養成を重視する理由は、起業家になって成功するためには、起業家（アントレプルヌール：entreprenur）としての条件として、人間の成長段階からみて、ライフステージ別、発達段階別の学習・教育・修業において、歌舞伎俳優や人間国宝といわれる人びとが幼少の頃からその道に励み、適時性、継続性が強く作用しているように、起業家養成をめざす教育にあっても適時性・継続性が重要な意味を持っているのである。つまり、高校段階の商業教育において、人間の成長段階における適時性からみて、起業家としての資質・才覚を生かす教育（実践を含めて）が有効に実施できるからである。ただし、起業家に重要な高い人間的偏差値を有する個性的な生徒は普遍的に多く存在するものでなく少数である。それゆえ、中学校での進路指導が大切であるといってよい。

第3章　新教育制度と商業教育の展開

1．新しい商業教育への革新

(1) 新教育制度の発足期の商業教育

　昭和22（1947）年3月「教育基本法」が制定公布され、昭和24（1949）年に文部省に初等中等教育局に職業教育課が新設された。そして同年に教育刷新審議会により「職業教育の振興策について」の発表がなされ、新制高校の画一化を避け、職業教育に重点を置く単独校を多数設置すること、総合高校においても職業科目を軽視することなく教科内容を充実し、必要な施設を整備することと述べられている。この提言から、職業教育としての商業教育のスタートである。

　この背景には、当時のわが国経済は終戦から復興・再建期にあり、昭和22（1947）年の第1回経済白書において「政府も重要企業も家計もみな赤字」とのべているように、国民生活の安定のためには産業・経済の振興が急務であり、物的資本の充実とともに、その担い手となる職業教育（商業教育）の充実・発展による人材供給が急務であった。

　当時、国民所得水準は低く、昭和25（1950）年の中学生の高校進学率は43.7％であり、その多くは卒業後すぐ地方から都市部への集団就職など軽工業、重化学工業部門への労働力の供給が行われていた。そして、昭和26（1951）年には「産業教育振興法」が制定され、産業教育の振興の一環として商業教育の充実・発展が求められることになった。この産業教育法のねらいは、産業教育がわが国の産業・経済の発展及び国民生活の向上の基礎であることにかんがみ、教育基本法の精神に則り、産業教育を通じ

て勤労に対する正しい信念を確立し、産業技術を習得させるとともに、工夫創造の能力を養い、もって経済自立に貢献する有為な国民を育成することを目的とするものであった。

この法律の制定によって産業教育が必要としている施設・設備に関わる国庫補助の道が開かれ、商業教育をはじめ産業教育全般の教育の振興が図られることになった。

(2) 第1回高等学校学習指導要領の公布

新教育制度が昭和23(1948)年からスタートし、昭和25(1950)年に第1回高等学校学習指導要領が公布され、商業教育における「商業の目標」が示されている。

昭和24(1949)年には外国為替レート＝360円が設定され、国際収支の均衡と国民生活の向上をめざすことになり、企業の設備投資が盛んに行われるとともに、経済の復興・再建が軌道にのった時期であり、軽工業を中心に経済は活発化していった。こうした背景の中で示された高等学校学習指導要領における「商業の目標」は、経済生活を重視し、商業に関する基礎的な知識・技能を習得して、経済生活を合理的に営むために役立てることを強調している。

さらに、商業教育に期待を寄せているのは、「商業を自己の職業とする者にとって必要な知識・技能を身につけ、職業を合理的・能率的に運営する能力を養う」と述べている。これは商業人として起業する人材（アントレプルヌール：entrepreneur）の育成を目指しているものであり、平成21年高等学校学習指導要領における商業に関する科目である「ビジネス経済応用」でビジネスの創造と地域産業の振興の項目の個所で起業家の育成をめざした教育を推進するよう求めている。今日のベンチャービジネスを

昭和25年高等学校学習指導要領公布

（商業の目標）
1. 商業が、経済生活において、どのような機能を果たしているかについて理解する。
2. 商業に関する基礎的な知識・技能を習得して、経済生活を合理的に営むために役立てる。
3. 商業を自己の職業とする者にとって必要な知識・技能を身につけ、商業を合理的・能率的に運営する能力を養う。
4. 正しい、好ましい経営の態度・習慣を養い、国民の経済生活の向上に貢献するように努める心構えを養う。
5. 商業経済社会の新しい状態に適応したり、さらに、一層発展した研究をしたりするために必要な基礎を養い、将来の発展に役立つ能力を身につける。

昭和25年学習指導要領商業科編（試案）による科目と単位数

科　　目	単位数
文　書　実　務	2～5
珠算および商業計算	2～6
タイプライティング	2～5
速　　　　　記	2～5
統　計　調　査	2～5
貿　易　実　務	2～5
商　業　実　務	3～10
商　業　経　済	2～5
金　　　　　融	2～5
経　　　　　営	2～5
商　　　　　品	2～5
簿　記　会　計	2～15
法　　　　　規	2～5
商　業　外　国　語	5～15
商業に関するその他の科目	

「体系高等学校商業教育事典」

立ち上げるアントレプルヌール（起業家）をどう育成するかが産業の活性化の源でもある。

昭和25（1950）年当時は、わが国の経済民主化のもとで産業を興す人材が求められており、新しい事業（ビジネス）に挑戦する人びとが多くみられ、中小・大企業を含む流通産業（retail industry）に成功して今日に至っている企業を多くみることができる。

(3) 商業教育の経営管理教育への傾斜

わが国の経済は昭和30（1955）年代に著しい経済成長を遂げ、その主な要因は、重化学工業の確立と海外からの技術導入を起動力とする技術革新投資によるものであり、この投資の拡大が国民所得の増大と雇用の拡大をもたらし、その国民所得の増大が有効需要を喚起し、高い経済成長を達成することができ、所得水準の上昇となり、所得水準の上昇が高校・大学等への進学率の上昇をもたらすという経済と教育の相互依存関係の状態にあった。昭和35（1960）年の高校進学率は57.7％に達しているが、大学進学率は17.2％と低い水準にあった。この背景には、わが国の経済が高度成長期にあり、産業経済の拡大による雇用の拡大と賃金の上昇が続き、高い経済成長を支える労働力が逼迫してきたことによるものであった。

経済が成長し、経済規模が拡大するにつれて、それを支える労働力必要とされることから、産業界にとっては、有為な労働力の確保と拡大する産業・企業に働く従業員をどのように養成し、雇用するかが大きな課題となった。そのため、昭和36（1961）年には科学技術系学生の増募計画及び高等学校における職業教育の拡充政策としてマンパワーポリシー（人的能力政策）が進められ

昭和35年の学習指導要領の改訂

> （商業の目標）
> 1．商業ならびに経営管理や事務についての知識・技術を習得させ、これらの 活動を合理的、能率的に営む能力を養う。
> 2．経済生活における商業の機能や、産業における経営管理の重要性を理解させ、国民経済の発展に寄与しようとする態度を養う。
> 3．各種の商業ならびに経営管理や事務に従事する者として望ましい心構えを養い、常に研究を重ねて進歩向上を図る態度を養う。
> 4．一般の経済生活を合理的、能率的に営む能力と態度を養う。

ることになり、これまでどちらかというと画一的に進められてきた職業教育を人間の能力・適性をどのように開発し、また、どのように有効に活用していくかという考えに変化した。

昭和35（1960）年高等学校学習指導要領の改訂では、経済成長による経済規模の拡大やそれに伴う企業経営の能率的、合理的なあり方に対応した労働力を職業教育としていかに供給するかが重要な任務となっていた。したがって、高等学校学習指導要領における「商業の目標」では、従来の商業に関する基礎的知識・技術の習得から「経営管理や事務についての知識や技術の習得」に変更されている。さらに、「産業における経営管理の重要性を理解させ」、経営管理や事務能力のある人材の養成を目的としていることである。

そして、「産業における経営管理の重要性を理解させ」という記述は、商業の枠を越えた職業科である農業、工業、水産業、その他の産業教育にも当てはまる概念であり、商業教育の目標としては妥当性を欠いている。しかし、当時の経済規模の拡大期における個別企業の活動を含めた経営管理の重要性を強調しようとしている点では評価することができるとともに、急速に拡大する企業経営に対する人材供給の必要性から経営管理や事務能力のある人材の養成が急務であったのである。

2．高度経済成長期の商業教育の変容

（1）商業教育の拡大と多様化

経済の高度成長と経済規模の拡大期を迎えるとともに著しい技術革新のもとで産業構造は高度化して、職業教育のあり方について新たな視点が求められることになった。

昭和45年学習指導要領の改訂

> （商業の目標）
> 1. 商事活動、事務および経営管理に関する知識と技術を習得させ、これらの活動を合理的、能率的に行う能力と態度を養う。
> 2. 経済生活における商業の機能や産業における経営の重要性を理解させ、国民経済の発展に寄与する態度を養う。
> 3. 商事活動、事務および経営管理について常に研究を重ね、創意を働かせて、進歩向上を図る態度を養う。
> 4. 日常の経済生活を合理的、能率的に営む能力と態度を養う。

　昭和41年11月に中央教育審議会の答申「後期中等教育の拡充整備について」および昭和42（1967）年に理科教育及び産業教育審議会の答申「高等学校における職業教育の多様化について」が提出された。これらの答申は昭和36（1961）年のマンパワーポリシー（人的能力政策）にもとづき、人間の能力・適性を開発する有効な教育のあり方を求めるものであり、産業の多様な職能に対して効率的な対応を目指して、職能の細分化による人材育成を図る商業教育のあり方を求めるものであった。つまり、商業に関する学科へ「小学科」の導入であり、商業科、経理科、事務科、情報処理科、秘書科、営業科、貿易科などが設置されることになった。これらの小学科による職能の細分化による人材育成は商業人というよりはクラーク（clerk＝ワーカー）の養成にねらいがおかれている。

　いま一つは、商事活動（マーケティング）の重視である。昭和45（1970）年にはスーパーの全国チェーン化、百貨店の系列化が進み、流通業界の新たな展開がはじまり、アメリカから導入されたマーケティング技術が重要視されている。

(2) 商業教育の拡充から集約化への転換

　経済の高度成長による拡大をつづけてきたわが国の経済は、昭和46（1971）年8月に「ドル・ショック」といわれる金とドルの交換停止と10％の輸入課徴金を賦課するというドル防衛政策がニクソン大統領によって行われ、わが国の輸出産業は大きな打撃をこうむった。昭和48年2月に円が固定相場制（1ドル＝360円）から変動相場制に移行して円高がはじまったことからわが国経済は円不況を招くことになった。

　さらに、昭和48（1973）年には第一次石油ショック（oil crisis）が第4次中東戦争によって勃発し、原油価格は上昇して大きな打撃を受けることになった。わが国はエネルギー消費量が世界第2位であり、なかでも原油依存率は99.7％と高い状況にあった。このオイル・ショックを契機に「豊かな社会」を支えていたエネルギー・資源の多消費型経済から省資源・省エネルギー型経済への移行をせまられ、昭和48年「石油需給適正化法」「国民生活安定緊急措置法」が成立するなど、経済のソフト化、重厚長大から軽薄短小化、生活のソフト化、質の向上などが求められることになった。つまり、量の充足から質の向上へ、人間性の回復を求め、文化的、精神的豊かさへの指向である。

　こうした社会・経済における方向転換は、商業教育の分野へも波及し、基礎・基本の重視、教育の量から質への転換が求められ

昭和53年学習指導要領の改訂

（商業の目標）
商業の各分野に関する基礎的・基本的な知識と技術を習得させ、国民経済における商業の意義や役割を理解させるとともに、商業の諸活動を合理的、実践的に行う能力と態度を育て、経済社会の形成者としての望ましい資質を養う。

た。昭和53年高等学校学習指導要領の改訂における「商業の目標」は、商業教育の原点回帰ともいわれるような、表現になっている。また、商業に関する科目についても統廃合が行われて18科目になり、商業に関する教科の組織として、「商業経済科目群」「簿記会計科目群」「計算事務科目群」「情報処理科目群」に再編成された。そして、商業科目改訂の基本的観点は

　　①学科構成の改善
　　②基礎教育の重視
　　③実験・実習等の実際的・体験的な学習の重視
　　④教育課程の弾力化

などが示されている。

〔表3-1〕科目の整理統合対応表

順序	改訂	改訂前
1 12	商業経済Ⅰ 商業経済Ⅱ	商業一般 経済 経営
13	商業法規	商業法規
6	マーケティング	商事務 売買実務 市場調査 広告
7	商品	商品
15	商業デザイン	商業美術
14	貿易英語	商業英語 商業英会話
2 8	簿記会計Ⅰ 簿記会計Ⅱ	簿記会計Ⅰ 簿記会計Ⅱ 簿記会計Ⅲ
9	工業簿記	工業簿記
16	税務会計	税務会計
3	計算事務	計算実務

順序	改訂	改訂前
10	文書実務	事務
17	タイプライティング	和文タイプライティング 英文タイプライティング 事務機器(一部)
4 11	情報処理Ⅰ 情報処理Ⅱ	電子計算機一般 プログラミングⅠ プログラミングⅡ 事務管理(一部)
18	経営数学	統計実務 経営数学
5	総合実践	商業実践 事務実践 経理実践 貿易実務
	整理	秘書実務 銀行簿記 機械簿記 速記

「高等学校学習指導要領解説　商業編」

〔表3-2〕商業に関する教科の組織

商業に関する 学科	商業に関する 科目群	科目群の内訳（◎は四つの基礎科目）
商　業　科 営　業　科	商　業　経　済	◎商業経済Ⅰ・マーケティング・商品・商業経済Ⅱ 商業法規・貿易英語・商業デザイン
経　理　科	簿　記　会　計	◎簿記会計Ⅰ・簿記会計Ⅱ・工業簿記・税務会計
事　務　科	事　　　　務	◎計算事務・総合実践・文書事務・タイプライティング
情報処理科	情　報　処　理	◎情報処理Ⅰ・情報処理Ⅱ・経営数学

　以上のように、商業教育はわが国経済が著しい技術革新のもとで成長とともに拡充の道を選択し、専門的知識・技術および技能の職能的展開による教育効果を求めてきたことである。しかし、教育は常に社会に対応し、社会の変化とともに教育自らが変革するものでなければならないものであり、今回の高等学校学習指導要領における「商業の目標」が商業の原点回帰といわれるように記述されたことは商業教育の柔軟性と先見性を示すものであるといえる。

(3) 情報化の進展と商業教育の変容

　1980年代のわが国経済は、省エネルギー、経済のソフト化、サービス化、減量経営などによって構造調整が進み、大きな転換期を迎えることになった。特にME（Micro Electronics）革命が起こり、マイコンが各種器械に応用されることになり、小型化、軽量化、知能化が進み、先端技術であるIC（集積回路：integrated circuit）、LSI（大規模集積回路：large scale integration）の活用によって産業ロボットの導入などのFA（factory automation）や事務用機器類の応用によるOA（office automation）が企業の経営に大きな変革をもたらすことになった。したがって産業界における関心事は先端技術の進展と経済ソフト化、サービス化、業際化が進むなかでどのような経営システムによる企業経営のあり方

が重要な課題となった。

　平成元年の高等学校学習指導要領における「商業の目標」に「経営活動を主体的、合理的に行い、経済社会の発展に寄与する能力と態度を育てる」と述べられており、従来の「商業活動」から「経営活動」へと変化していることは、産業界における先端技術の発

平成元年の学習指導要領の改訂

> （商業の目標）
> 商業の各分野に関する基礎的・基本的な知識と技術を習得させ、商業の意義や役割を理解させるとともに、経営活動を主体的、合理的に行い、経済社会の発展に寄与する能力と態度を育てる。

達と応用が激しくし、FAやOA、CAD、CAM、POSなどの導入によって企業経営のあり方と変化していることである。

　また、情報化の著しい進展によって流通産業（retail industry）においてもスーパーの全国チェーン化が展開され、大規模なスーパーチェーンの業態が出現するとともに、百貨店でも系列化が展開されていった。

　こうしたME革命を中心とした情報テクノロジーの発達と応用は企業経営のあり方を根底から揺るがすものである。昭和59（1984）年6月に理科教育及び産業教育審議会は「高等学校における今後の職業教育の在り方について」提言している。商業教育との関連では、サービス経済化・情報化・国際化が進展する新しい時代に対応するために、情報処理教育の一層の推進をするとともに、サービスに関する経営管理や事務新しい情報管理に関する内容の導入が必要であると提言している。こうした視点から「商業の目標」に経営活動を主体的・合理的に行う能力と態度を育成することが導入されたと理解することができる。

3．商業教育から商業ビジネス教育への転換

(1) 商業教育にビジネスコンセプトの導入

　平成11年高等学校学習指導要領改訂において、「商業の目標」のなかで「ビジネス」という用語がはじめて使用され、商業の基礎科目として「ビジネス基礎」が設置された。

　この背景には、平成10年7月に理科教育及び産業教育審議会の答申「今後の専門高校における教育の在り方について」が提出されている。また、この答申を受けて、「これからの『商業教育』を考える」が示され、

　①専門高校の果たす役割

　②生涯学習の視点を踏まえた教育のあり方

　③社会の変化や産業の動向等に対応した教育内容の見直し

　④生徒一人ひとりの個性を育て伸ばしていく教育のあり方

などの内容となっている。

　この「商業の目標」のなかにビジネスに関する知識や技術・技能の習得が強調され、商業の基礎科目として「ビジネス基礎」が導入された理由の第1は、今日の産業経済における商業（流通）活動が、国際化、IT（情報技術）化、科学技術の進歩、高学歴・知識基盤社会の到来などにより、より高度の専門的な知識や技術・技能を有するスペシャリストとして、グローバル化、業際化する産業経済に対応できる人材の育成がめざされていることである。

　第2は、産業経済社会のIT化の進展によって、インターネットを主体とした情報テクノロジーの発達と応用によって、e-コマース（電子商取引）やe-ビジネス（電子事業取引）など従来の産業分類を超えた複合的な産業・業態（SCMによる製造小売業）が

平成11年学習指導要領の改訂

（商業の目標）
商業の各分野に関する基礎的・基本的な知識と技術を習得させ、ビジネスに対する望ましい心構えや理念を身につけさせるとともに、ビジネスの諸活動を主体的、合理的に行い、経済社会の発展に寄与する能力と態度を育てる。

科	科　　目
商業	ビジネス基礎 課題研究 総合実践 商品と流通 商業技術 マーケティング 英語実務 経済活動と法 国際ビジネス 簿記 会計 原価計算 会計実務 情報処理 ビジネス情報 文書デザイン プログラミング

出現し、これまでの商業（流通）に関する知識や技術では対応できなくなってきたことである。つまり、商業（ビジネス）は商品の社会的移動に関わる流通機構・流通機能を担い、流通の根底にある交換・売買による利益を得ることを目的としていた。しかし、新しい業態といわれる製造小売業は単なる商品の交換・売買だけでなく、商品の生産という製造過程を有し、設備投資、材料・部品調達、商品計画、製造、物流、販売などを行う経営戦略を中心とした事業（ビジネス）を展開するものである。それゆえ、こうした製造の機能と小売の機能を合わせ持つ業態の出現は、商業の概念だけでなく、事業経営に立脚したビジネスの概念が必要とされるものであり、商業の目標の中にビジネスの概念が導入された一因がある。

(2) 商業機能とビジネス（事業）機能の融合

現在はIT（情報技術）革命の波が社会、経済、産業に波及し、国際的グローバリゼーションのもとで生産物の生産と消費が行わ

れる時代を迎えている。本来、人間生活に必要な物財の生産と消費は、いかなる国、民族、文化の異なる地域においても存在不可欠なものであるが、経済・産業の度合いによってあり方や方法が違ってくる。先進国といわれる国々ではエネルギー、材料、量産技術などが産業や企業の盛衰を左右してきたが、IT化の進展と付加価値生産性の面で中・後進国とたちうちできなくなり、金融や先端産業に活路を求め、知識集約的な産業構造と経営体質へと転換しつつある。これに対し、中・後進国では安い労働コストのもとで量産型汎用製品や軽工業製品を量産技術を駆使した生産を行い、国際的グローバリゼーションが激しくなっている。こうした情報を中心とした産業革命は経営や産業に大きな変革をもたらしているのである。

商業教育の対象は、国際的グローバリゼーションのもとで展開する生産と消費に関わる経済的諸現象であり、単なる商品の交換・売買を根底とした流通ではなく、情報を中心とした先端技術を駆使した、従来の産業分類を超えた複合的な産業をも対象としなければならなくなっている。

平成21年の高等学校学習指導要領における「商業の目標」は平成11年の改訂を踏襲するものであるが、同学習指導要領解説・商業編において、商業教育が対象とするビジネスとは、「商品の生産・流通・消費に関わる経済的諸活動の総称である」と記述され、商業教育におけるビジネスの概念を明確にしている。経済のグローバリゼーションやインターネットを主体とした情報テクノロジーの発達と応用は伝統的な商業活動を変革するとともに、産業・企業の活動において、デジタルメディアを介して行う売買であるe-コマース（電子商取引）や事業全体を情報技術によって統合し、受注生産（build to order）を中心にSCMを駆使して、製

平成21年学習指導要領の改訂

（商業の目標）
商業の各分野に関する基礎的・基本的な知識と技術を習得させ、ビジネスの意義や役割について理解させるとともに、ビジネスの諸活動を主体的、合理的にかつ倫理観をもって行い、経済社会の発展を図る創造的能力と実践的な態度を育てる。

品計画を核に材料・部品の調達・製造、物流、販売を行う、e-ビジネス（電子事業取引）が活発化している。

　また、新しい流通産業（retail industry）として、生産・流通・消費のボーダーレス化に伴う商品の流通が消費起点から流通起点へと変化するなかで、SPA（speciality store ratailer of private label apparel）業態といわれる「製造小売業」が出現している。この製造小売業は、自ら商品企画、原料調達、製造、販売、マーケティングを行うものであって、製造プロセスは組織に経営資源を投入し、経済価値を生み出す行為であって事業（ビジネス）活動である。また、販売（消費者へ）やマーケティング活動は商品の流通に関わる行為であり、商業活動の機能である。それゆえ、製造小売業（日本標準産業分類・大分類では「卸売・小売業」に分類）は、事業（ビジネス）活動と商業活動を同時に展開する業態であり、新たな流通産業として注目されている。また、受注生産というダイレクトシステムによってSCM（supply chain management：受発注・資材調達・在庫管理・製品発送などの総合管理）を導入して、商品の製造から販売までを一貫して行う「製造販売会社」は事業（ビジネス）と商業の機能を融合した流通産業である。

　以上のように、商業の専門学科が対象としている生産・流通・消費の経済循環において、産業構造の高度化や技術革新に伴う流

通システムの変化や新しい業態の企業活動の出現は新しいコンセプトを必要とする。つまり、時代の進展によって物事のコンセプトが変化するように、今日の経済産業の変化は商業活動のコンセプトの変化をもたらすものである。たとえば、今日の経済成長に伴う多様な事業展開を行っている「宇宙ビジネス」、「環境ビジネス」、「水ビジネス」などにおいて、それぞれの業界におけるコンセプトが確立しているように、商業領域の新たな展開についても新しいコンセプトの確立が必要である。商業領域の新たな展開は商業とビジネスの融合した事業展開であり、代表的な企業として製造小売業に見ることができるように、新しいコンセプトは「商業ビジネス」が妥当である。よく見かける記述に「商業（ビジネス）」という表現があるけれども、「商業」から「商業ビジネス」への用語が望ましく、「商業教育」から「商業ビジネス教育」という捉え方が望ましいといえる。

（3）国際感覚のある商業スペシャリストの育成をめざす

一般に先進国の条件に教育の発展・充実があり、教育の使命の一つに人材供給がある。社会・経済が発展し、GDPの増大と人びとが必要とする物財・サービスを生産していくためには、物的資本の側面である投資や産業技術・技術革新の進展と、人的資本である労働力（人材）の供給が車の両輪のように作用していなければならない。特に、人的資本の労働力は科学技術の進歩や産業技術の高度化に対応した知識や技術・技能、ノウハウを身につけなければ社会のニーズや人びとの欲求に合った物財を生み出すことはできない。つまり、知識・技術等の活用能力が常に問われているものであり、その有為な活用能力を養成するかが教育の充実にかかっている。

商業教育がめざす人材は、理科教育及び産業教育審議会（答申）に次の点が強調されている。
① 一つの得意分野で知識・技術・技能をしっかり身につけ、自らの勤労観、職業観を確立し、誇りを持って社会で活躍できる人材であること。
② 今日の国際的グローバリゼーションにおける経済活動において
　（ア）国を越えてビジネスができるグローバル人材の育成であること。
　（イ）グローバルレベルでの適材適所の人材配置に対応できる人材の育成であることの視点が必要である。
③ グローバル化する経済諸活動において、職業人としての倫理観や遵法精神、才覚や先見性、創造的実行力、勇気を持つ起業家精神などを身につけ、ビジネス活動を主体的、合理的に行い、地域産業はじめ経済社会の健全で持続的発展を担う人材の育成をめざす必要がある。

以上の理産審の答申に示されている「職業人」とは職業に関する専門学科の全体を対象にして言及しているものであり、それぞれの専門学科は、それぞれの専門学科の特徴に沿って育成する人材を特定してもよいと理解することもできる。

したがって、現行学習指導要領改訂解説・商業編に示されている人材は、「経済社会の持続的発展を担う職業人」としてとらえられ、「職業人としての能力と態度を育てる」としている。しかし、商業の専門学科は経済社会のなかで、商業という特定の分野を主に対象として教育を行うものであり、商業の機能を担う特定の人材を育てることをめざしている。それゆえ、理産審の答申で「職業人」と示されているとしても商業の専門学科では「職業人」

ではなく、「商業人としての能力と態度を育てる」とするのが妥当である。

4．商業の目標・科目についての再考

(1) 現行学習指導要領の「商業の目標」のとらえ方

　平成21年の高等学校学習指導要領における「商業の目標」は「商業の各分野に関する基礎的・基本的な知識と技術を習得させ、ビジネスの意義や役割について理解させるとともに、ビジネスの諸活動を主体的・合理的に…」と記述されている。

　同じ産業教育の範疇にある農業教育の学習指導要領での「農業の目標」は、「農業の各分野に関する基礎的・基本的な知識と技術を習得させ、農業の社会的な意義や役割について理解させるとともに…」と記述されている。

　同じく、「工業の目標」は「工業の各分野に関する基礎的・基本的な知識と技術を習得させ、現代社会における工業の意義や役割を理解させるとともに…」と記述されている。

　このように、農業の目標においては"農業の社会的な意義や役割"と記述され、工業の目標においては"現代社会における工業の意義や役割"と記述され、それぞれ「農業」および「工業」ということばが明確に使用されている。これに対し、商業の目標では、いきなり"ビジネスの意義や役割"と記述されており、そのバックグラウンドはどこなのかが明示されていない。本来、ビジネスとは、P.F.ドラッカー（Drucker）が言っているように「事業」の意味が強く、あらゆる産業に存在する概念であり、商業だけに該当するものではない。例えば、宇宙ビジネス、水ビジネス、介護ビジネス、リサイクルビジネスなど多様であり、これらは事

業であり、ビジネスを立ち上げる場合に、投資、技術開発、製品・サービス計画、製造、経営ノウハウなどが要素となっている。ビジネスは商品の媒介・売買を主とする経済活動ではないのである。したがって、商業の目標としては次のように変更したらよいのではなかろうか。

> わが国社会及び国際社会における商業の意義や役割を
> 理解させるとともに……

　つまり、「商業」という言葉は社会的な概念として定着しているものであり、行政サイドや民間諸機関においても多く使用されている。例えば、スカイツリーに関連した「商業施設」といい、「ビジネス施設」とは言わない。また、地域振興においても充実した「商業施設」の建設といい、「ビジネス施設」とはいわない。なぜ、商業の目標においてビジネスという言葉にこだわるのか理解できないのである。

　いま一つの大きな理由として、今日のわが国の資本主義経済の構造のなかで商業の果たす役割は大きいことである。経済産業省経済産業政策局調査統計部で発行している「わが国の商業」では、わが国の商業の現状分析と課題及び今後の方向について詳しく調査が行われている。わが国の商業の事業所総数161万3千（卸売37万5千、小売123万8千）、年間販売額5,389千億円（卸売4,056千億円、小売1,332千億円）、就業者数1,241万人（卸売401万人、小売840万人）であり、それぞれわが国の産業構造で大きなウエイトを占めている。また、わが国のGDP（国内総生産）に占める比率においても、農林水産業1.2％、工業（製造業・建設業）24.4％、狭義商業（卸売・小売）14.5％および広義商業（金融・保

険、運輸・通信、情報通信、不動産）26.8％であり、商業合計41.3％を占めている。

このように、GDPに占める比率は工業が24.4％であるのに対し、商業は41.3％を占め、わが国の経済に大きく貢献している。この「わが国の商業」の統計にみられるように、商業はわが国の資本主義経済の構造を基本的に構築しているものであり、今後ますます重要な役割を果たすことが期待されている。ビジネスは学術大系もなく、ビジネス統計という言葉も見当たらないのである。つまり、ビジネスでなく、商業ということばの使用が妥当性を有するものである。また、今後の検討事項として、既述したように、現在の「商業教育」から「商業ビジネス教育」の方が現実妥当性を有しており、「商業」から「商業ビジネス」という用語が学習指導要領の中に使用されることを望むものである。

（2）「ビジネス基礎」科目の指導の留意点

この「ビジネス基礎」科目は商業教育の基礎科目として設置されている重要な科目である。現行学習指導要領改訂・同解説・商業編において、ビジネスを「商業教育の対象を幅広くビジネス、商品の生産・流通・消費にかかわる経済的諸活動の総称としてとらえるようにした」と記述されている。これに対し、「ビジネス基礎」の教科書では、「ビジネスとは生産・流通・消費という経済のしくみのなかで利益を目的にして企業が行う事業活動である」（実教出版）、「ビジネスとは企業が利益の獲得を目的とした事業活動である」（一橋出版）、と記述されており、いずれもビジネスを企業の事業活動としてとらえている。また、P.F.ドラッカーは、「事業とは、組織に経営資源を投入し、経済価値を生み出すプロセスである」としており、ビジネスとは企業がモノを作り、

価値を生み出す事業活動としてとらえている。

それゆえ、現行学習指導要領改訂・同解説・商業編で示しているビジネスのとらえ方とは趣を異にしており、経済諸活動もビジネスの範疇に入るかもしれないが、ビジネス本来の意味とはかなりかけはなれているとみることができる。したがって、「ビジネス基礎」の指導にあたっては十分な配慮が必要である。

いま一つは、現代の商業教育が対象としている領域である流通産業の事業活動が大きく変化していることである。つまり、今日の成熟消費時代を迎え、「モノ余り」「モノ離れ」現象が起こるなかで、小売業の機能は「生産起点」による消費者の需要に合わせた商品の販売をするのではなく、消費者の潜在的ニーズを掘り起こし、商品化する需要創造の時代を迎えている。その主役は小売業であって、消費者ニーズに合った商品の作成のために生産段階に介入する垂直統合による商品作り、つまりPB商品の開発と販売であり、また、製造小売業においては、自ら商品の開発・製造・販売を行う業態による商品販売が展開している。今日の小売業は、従来の商品の生産から相対的に独立したかぎりにおける商品の流通を扱うことを主体とするのではなく、自ら商品の開発をして需要創造を行っているものであり、商品流通が「生産起点」から「消費起点」へ、さらに「流通起点」による流通システムが構築されて展開しているのである。

以上のように、商品流通のあり方が大きく変化していることを留意して、この「ビジネス基礎」の指導にあたることが必要である。

(3) 商業教育のフォーカスとなる専門科目の重点指導

現行学習指導要領改訂・同解説・商業編における専門科目は4

分野・16科目のうち、商業教育において、商業のスキル習得に重要な役割を果たしている科目群として「マーケティング分野」、「会計分野」があげられているが、今日の流通産業の革新が進むなかで特に重要視されている。

「マーケティング分野」については、ICT（情報通信技術）革命によるe-コマースやe-ビジネスの展開による新たな流通産業として製造小売業や大手小売業のPB商品の開発など、成熟消費時代の消費需要に対応している。つまり、消費があって生産があるという原則のもとで、今日の成熟消費の時代の小売業は、「モノ余り」「モノ離れ」現象が進むなかで、いかに消費者の潜在的ニーズを掘り起こし、生産段階にまで介入した垂直統合による商品開発を行い、顕在需要に結びつけて販売していくかが求められている。その場合に、マーチャンダイジングや販売促進やマーケティング・チェーン・マネジメント（MCM）の手法などである。P.F.ドラッカーは事業目的は顧客の創造であり、そのために欠かせない「二つだけの基本的な機能」がマーケティングとイノベーションであるといっている。

いま一つは、「会計分野」の科目であり、簿記を中心とした商業教育の伝統的な基礎科目として重要である。この科目群は資格・検定の取得を含み、生徒のキャリア形成に重要な役割を果たす科目である。生徒は会計分野の科目を履修することによるキャリア形成とともに企業・職業に働く場合でも係数感覚を発揮して貢献することができる。例えば、P.F.ドラッカーは「利益は事業存続の条件であり、またガソリンのようなもので、なければ組織は停止してしまう」と指摘している。企業にとって利益や損失への正しい算定は企業存続の条件である。また、「勘定合って銭足らず」の諺があるように、利益があっても資金繰りに蹉跌をきた

せば企業倒産の憂き目をみるように財務会計の知識・技術は重要である。また、企業にとってキャッシュフローについての基礎的な知識・技術や製品の生産に関わる原価計算（製造小売業など)の方法について理解が必要である。また、小売業においてもマーケティングを主体とした経営戦略が重視されていることから、アプリケーション・ポートフォリオの作成に関する管理会計についての基礎的な知識・技術の習得が大切である。

　このように、商業の専門高校の学習内容は、人間形成という教育の使命を忘れずに、産業界にとって有為な商業人を排出するためには常に産業経済および流通産業の動向を見極めて専門科目の重点的な指導が必要である。

第4章　現代商業教育の目標と科目の変遷

1．経済の復興・再建期（1945〜1954年）

(1) 新教育制度の発足と商業教育

　わが国の新教育制度が導入されたのは、昭和22（1947）年教育基本法、学校教育法などが公布され、新制度の教育が施行されてから65年の歳月が経過している。

　昭和22年当時の国民の関心はインフレと食糧危機のなかで衣食住に困らない生活への要求であり、教育に対する国民の要求は低く、また、義務教育の中学校を卒業して社会に働く者が多く、昭和25（1950）年の高校進学率は43.7％にとどまっている。また、大学進学率も30.3％と低い水準になっている。昭和22（1947）年の第1回経済白書では「政府も重要企業も家計もみな赤字」と危機に瀕した日本経済の姿が述べられている。こうした状況の下では国民所得水準は低く、新教育制度施行による教育の展開は容易ではなく、教育の施設・設備も不十分のなかで商業教育は実施されることになった。しかし、この1947年（昭和22）年から発足した新学制はアメリカの学制にならったものであり、民主化の一環として実施されたものであった。それゆえ、昭和25年の学習指導要領はアメリカ型の教育制度にならって公布されたものであり、職業に関する商業教育においても、経済の民主化政策が進行中であって商業活動については暗中模索の状況のなかで、「商業の目標」が規定されている。

(2) 昭和25年高等学校学習指導要領公布

　戦後の経済の民主化が進むなかで、わが国の資本主義経済の骨

昭和25年高等学校学習指導要領公布

> （商業の目標）
> 1. 商業が、経済生活において、どのような機能を果たしているかについて理解する。
> 2. 商業に関する基礎的な知識・技能を習得して、経済生活を合理的に営むために役立てる。
> 3. 商業を自己の職業とする者にとって必要な知識・技能を身につけ、商業を合理的・能率的に運営する能力を養う。
> 4. 正しい、好ましい経営の態度・習慣を養い、国民の経済生活の向上に貢献するように努める心構えを養う。
> 5. 商業経済社会の新しい状態に適応したり、さらに、一層発展した研究をしたりするために必要な基礎を養い、将来の発展に役立つ能力を身につける。

科	科目
商業	文書実務 珠算および商業計算 タイプライティング 速記 統計調査 貿易実務 商業実践 商業経営 金融 経済品 商品 簿記会計 法規 商業外国語

格が十分に定まらないなかで、昭和25年高等学校学習指導要領が公布され、「商業の目標」がはじめて示され、商業科目についても提示されている。この商業の目標に提示されている1～5項目は、当時の経済状況がインフレと食糧危機や生活必需品の不足など国民生活は貧困の状態にあったことから、国民の経済生活の充実に資することを焦点に構成されている。つまり、商業が経済生活にどう機能するか、商業が経済生活を合理的に営むのにどう役立つか、商業の自営業者への支援、経済生活の向上に貢献する人材の育成、将来の研究につながる基礎の重視などが主な視点となっている。つまり、商業が経済生活の向上への寄与が重点であった。

(3) 昭和31年高等学校学習指導要領改訂

昭和25年の学習指導要領の公布から短期間に改訂が行われた背景には、わが国経済の復興が急速に進み、昭和31年「経済白書」に"もはや戦後ではない"ということばに象徴されるように、昭和30（1955）年には重化学工業である鉄鋼、電力、石油化学の投資の拡大と生産活動が展開されるとともに、カメラ、ミシン、時計などの精密機械工業による輸出が拡大し、産業活動が発展したことである。また、海外から技術の導入を起動力とする技術革新投資によって家庭電気部門、自動車部門、石油化学部門など耐久消費財部門の生産が活発になり、資本主義経済の生産・流通・消費の経済循環が作動しはじめたことである。

科	科目
商	商業一般、商業経済、経済事情、商業法規、商品、商業簿記、銀行簿記、工業簿記、会計実務、計算実務、文書実務、和文タイプライティング、英文タイプライティング
業	速記、商業英語、商業計算、統計実務、商業経営、貿易

昭和31年の高等学校学習指導要領の改訂

（商業の目標）
1. 商業が経済生活においてどのような機能を果たしているかを理解させる。
2. 商業に関する基礎的な知識・技能を習得させ、経済生活を合理的に営む態度・習慣を養う。
3. 商業に従事する者に必要な知識・技能を習得させ、商業活動を合理的・能率的に営む能力を養う。
4. 経営についての正しい心構えを養い、国民の経済生活の向上に貢献するように努める態度を養う。
5. 経済社会の進展に適応し、さらに進んだ研究をするために必要な基礎的能力を養い、将来の発展に役だてる。

こうした経済・産業活動の再生・復興に対応して、商業教育においても産業活動の新たな展開に沿った「商業の目標」と科目の新設・改編が必要となり、昭和31年の学習指導要領改訂となったのである。この改訂における「商業の目標」は基本的には昭和25年のものを踏襲しているが、科目については、新設・改編を行い、14科目から20科目に増加しており、資本主義経済の構造における商業の基本的な役割に沿った科目編成になっているとみることができる。特に、「商業一般」「商事」「経営」などの新設科目や科目の改編によって商業教育の充実・発展をめざしている。

2．経済の高度成長期（1955〜1973年）

(1) 昭和35年高等学校学習指導要領改訂

　昭和30（1955）年からはじまった高度成長は、重化学工業の確立と精密機械工業の発展による輸出の増大・外貨獲得が行われるとともに、海外技術の導入による技術革新投資が進み、家庭電気部門、自動車部門、石油化学部門などの生産活動が発展していった。主なものとしては、1953年の白黒テレビ、電気掃除機、1955年の電気洗濯機、1957年のテレビ受像機の海外からの技術導入、トランジスターラジオ、1958年軽乗用車、トランジスター使用の電算機、1959年の集積回路（IC）の開発など大衆消費・大衆車時代が到来した。

　また、高度成長（昭和34年—8.9％、昭和35年—13.4％、昭和36年—14.4％）は勤労者の所得水準の上昇となり、国民の消費生活は大きく変化していった。特に、「三種の神器」（テレビ、電気洗濯機、電気冷蔵庫）は電気機器製品の一般家庭へ普及し大きな家庭生活の変化をもたらした。

昭和35年の高等学校学習指導要領の改訂

（商業の目標）
1. 商業ならびに経営管理や事務についての知識・技能を習得させ、これらの活動を合理的、能率的に営む能力を養う。
2. 経済生活における商業の機能や、産業における経営管理の重要性を理解させ、国民経済の発展に寄与しようとする態度を養う。
3. 各種の商業ならびに経営管理や事務に従事する者として望ましい心構えを養い、常に研究を重ねて進歩向上を図る態度を養う。
4. 一般の経済生活を合理的、能率的に営む能力と態度を養う。

科	科　目
商業	商業、商業経済、経済法規、商品、商業簿記、銀行簿記、工業簿記、会計、計算実務、商業英語、商業実践、和文タイプライティング、英文タイプライティング、速記、商業実務、貿易実務

そして、こうした産業の発展と経済の拡大は、耐久消費財を中心とした需要拡大は第2次産業の急成長となり、工業化の発展は持続的な設備投資と迅速な技術革新が求められるとともに技術者を中心とした労働力の需要が拡大していった。

昭和36（1961）年文部省は「科学技術系学生の増募計画及び高等学校における職業教育の拡充政策」を策定することによって労働力の需要拡大に応えることになった。この政策によって、商業に関する学科が増設され、商業教育の量的拡大が進められていった。

また、GNP（国民総生産）の増大と所得水準の上昇は、国民の教育的欲求が拡大し、昭和30（1955）年高校進学率51.3％であったが、昭和35（1960）年には57.7％に上昇している。この頃か

ら商業高校に入学する生徒に占める女子生徒の比率が高くなっている。

　昭和35年の学習指導要領改訂にみる特徴は、著しい経済の高度成長によって経済規模が拡大し、企業・事業所数の増大に伴って、企業の経営管理や事務に携わる人材が不足することになった。こうした企業の経営管理や事務に関する知識や技術・技能を身につけた人材の育成は商業教育が担う分野である。したがって、改正の第1は、これまでの商業に関する基礎的な知識・技術の習得から「商業ならびに経営管理や事務についての知識・技術を習得させ」に変更されている。

　第2は、商業から「産業における経営管理の重要性を理解させ」としており、生産に関わる農業、工業、水産業、その他の産業における企業の経営管理や事務に従事する人材の育成を視野に入れた教育の展開である。

　第3は、商業従事者（商業人）の育成というよりは、「各種の商業ならびに経営管理や事務に従事する」としており、産業構造における多種多様な企業その他の活動における経営管理や事務等を対象にした教育の展開である。

(2) 昭和45年高等学校学習指導要領改訂

　昭和45年学習指導要領改訂の背景には、わが国経済が昭和30年代に重化学工業の確立と海外からの技術導入を起動力とする技術革新投資が耐久消費財の生産部門である家庭電気、自動車、石油化学などに拡大し、大衆消費時代を迎え、これらの投資拡大が経済の高度成長をもたらし、国民所得の増大による有効需要の拡大と雇用の拡大をもたらしている。

　こうした高い経済成長率は昭和34年～36年の3年間の平均が

19.3％（名目）と高率であったことから、国民所得の増大と雇用の拡大となり、労働力の不足の事態が生じてきた。昭和36年、文部省による「科学技術系学生の増募計画及び高等学校における職業教育の拡充政策」（マンパワーポリシー：人的能力政策）が策定され、推進されることになった。この政策に連動して商業に関する学科も拡充されるとともに、教育内容においても、これまでどちらかというと画一的に進められてきた商業教育を、多様な人間の能力・適性をどのように開発し、どのようにこれらを有効に活用していくかが課題となった。

中央教育審議会は、昭和41(1966)年「後期中等教育の拡充整備につ

科	科　　目
商業	一般、経営規I・II・III、法、計算I・II・III、会計I・II、簿記会計、簿記実践、簿記会計実務、経営経理、商業簿記、工業簿記、銀行簿記、税務会計、経理事務、事務機械、事計算、統計実務、経営機務、電子計算機、プログラミングI・II、プログラミング、和文タイプライティング、英文タイプライティング、速記、秘書事務、商事、商業実践、売買業務、市場調査、商業美術、広告、商業英語、商取引、商業会話、商業実務、貿易、商業

昭和45年の高等学校学習指導要領の改訂

（商業の目標）
1. 商事活動、事務および経営管理に関する知識と技能を習得させ、これらの活動を合理的、能率的に営む能力と態度を養う。
2. 経済社会における商業の機能や産業における経営の重要性を理解させ、国民経済の発展に寄与する態度を養う。
3. 商事活動、事務および経営管理について常に研究を重ね、創意を働かせて、進歩向上を図る態度を養う。
4. 日常の経済生活を合理的、能率的に営む能力と態度を養う。

いて」答申を行い、「学科等のあり方について教育内容・方法の両面から再検討を加え、生徒の適性・能力・進路に対応するとともに、職種の専門的分化と新しい分野の人材需要とに即応するよう改善し、教育内容の多様化を図る」と提言している。そして、職業教育の多様化のための新しい学科を提示し、商業に関する新しい学科としては、事務科、経理科、営業科、貿易科、秘書科を提示している。

また、理科教育及び産業教育審議会は昭和42年8月、10月、昭和43年11月の三次にわたって「高等学校における職業教育の多様化について」の答申を行っており、商業教育においては、これらの答申によって小学科が設置され、同時に商業科目も増設されて、これまでの20科目から36科目に増加することになった。このように、経済の高度成長に伴う産業構造に対応して、教育サイドにおいても産業界の職種の専門的分化や新しい分野の人材需要に即応することをめざし、商業教育においても図ることによって教育の拡充が推進されることになった。

3．経済の安定成長期（1974～1989年）

（1）昭和53年高等学校学習指導要領改訂

わが国経済は昭和44（1969）年にはGNP（国民総生産）が西ドイツを抜いてアメリカに次いで自由世界2位となり、順調に成長を続けていた。しかし、昭和46（1971）年のドル・ショック（金・ドルの交換停止、輸入課徴金）といわれるアメリカのドル防衛策に直面し、さらに昭和48（1973）年には第一次オイル・ショック（oil crisis）によって成長の幕を引くことになった。

これまで石油・エネルギー多消費型の重化学工業を基幹として

高度成長を続けてきた産業構造は、石油・資源の値上がりによって生産コストが上昇し、国際競争力や労働生産性は大きく低下するなど、企業は「減量経営」を迫られることになった。

このオイル・ショックは国民生活や人びとの意識にも変化をもたらし、高度成長による物的豊かさを享受してきたけれども、省エネルギー・省資源への産業構造への転換によって「真の豊かさとは何か」が問われることになった。つまり、物的繁栄による量の充足から人間性の回復を求めた文化的・精神的な満足による豊かさを求める質への転換である。

こうしたオイル・ショックを契機に、わが国経済は、産業構造の高付加価値化をめざして、情報化と知識集約化による質の向上を図ることになった。つまり、重化学工業重視から半導体（IC）技術の開発と連動してエレクトロニクス技術による電算機、産業ロボットの開発や電気機械のメカトロニクスの展開による高付加価値産業への転換である。また、科学技術においても、ハードテクノロジーからソフトサイエンスへの転換が志向され、ファイン・テクノロジー、

昭和53年の高等学校学習指導要領の改訂

（商業の目標）
商業の各分野に関する基礎的・基本的な知識と技術を習得させ、国民経済における商業の意義や役割を理解させるとともに、商業の諸活動を合理的、実践的に行う能力と態度を育て、経済社会の形成者としての望ましい資質を養う。

科	科　　目
商業	商業経済Ⅰ
	簿記会計Ⅰ
	計算事務
	情報処理Ⅰ
	総合実践
	マーケティング
	商品
	商業経済Ⅱ
	簿記会計Ⅱ
	工業簿記
	文書実務
	情報処理Ⅱ
	商業経済Ⅲ
	貿易法規
	貿易英語
	商業デザイン
	税務会計
	タイプライティング
	経営数学

ファイン・セラミックス、バイオテクノロジーなどの先端技術の開発が進み、経済のソフト化を推進している。

こうした経済構造の質的変化や国民生活における物的充足から文化的・精神的充足への意識や価値観の変化は、ものごとの本質的な原点回帰を意味するものである。それゆえ、商業教育においても昭和45年学習指導要領改訂にみられた商業教育の多様化・拡充路線から教育の質的向上をめざして集約化が図られ、教育の基礎・基本を重視した内容が図られることになった。それゆえ、商業科目も36科目から18科目に整理・改善されることになった。

(2) 平成元年高等学校学習指導要領改訂

1980年（昭和55）年代の日本経済は、経済活動の中心がモノの生産からサービスに移行し、第3次産業の比重が大きい経済のソフト化、サービス化、業際化の時代を迎えることとなった。

その主役の第1はME（micro electronics）革命である。このMEが各種機器に応用されることにより、小型化、軽量化、知能化される製品を生むことになった。おもなMEの応用分野として、産業用ロボット、NC工作機、電子レジスターをはじめ、家電関連製品などメカトロニクスによる多くの製品が生まれた。

また、各企業は工場の生産性を上げるために産業ロボット、NC工作機の導入に積極的に取り組み、FA（factory automation）革命を生み、工事の合理化へ大きく寄与した。この合理化は事務部門にも波及し、OA（office automation）革命となり、コンピューター、ファクシミリ、ワードプロセッサーなどの機器を利用して、情報処理、事務処理などが行われるようになり、事務労働の内容や雇用に大きな影響を与えることになった。

第2に、経済のソフト化、サービス化の進展があげられる。主

平成元年の学習指導要領の改訂

> （商業の目標）
> 商業の各分野に関する基礎的・基本的な知識と技術を習得させ、商業の意義や役割を理解させるとともに、経営活動を主体的、合理的に行い、経済社会の発展に寄与する能力と態度を育てる。

な内容として、情報化、知識集約化の進展であり、経済活動の中心が知識集約化、サービス化へと移行したことから、企業の管理部門、販売部門、研究開発部門、情報処理部門などに労働が増大するとともに、こうした間接部門の拡大は、これらの部門の作業内容を企業外に外注することになり、サービス産業の増大につながっていった。このように、産業の知識集約化、サービス化、情報化は「産業の情報化」の進展をもたらし、産業の情報化はやがてソフト開発を誘発し、「情報の産業化」のサービス産業が展開することになった。

科	科　目
商業	簿記、会計、工業簿記、会計実務、原価計算、経営、経済、流通経済、経営法規、商業経済、商業経済、マーケティング、商業デザイン、英語実務、国際経済、工業簿記、税務会計、文書処理、プログラミング、情報管理、経営情報、商品、経営、商事、計算事務、総合実習、課題研究

　以上のような経済のソフト化、サービス化が展開するなかで、平成元年学習指導要領改訂が行われ、「商業の目標」は前回の改訂を踏襲しているが、科目において「情報管理」「経営情報」が新設され、経済のソフト化、情報化に対応した改訂となっている。

　また、昭和61（1986）年に臨時教育審議会の「教育改革に関する」答申（第一次、第二次、第三次、第四次）において、「個性重視の原則」を基本に21世紀に向けての教育の基本的なあり

方を示したものである。産業経済面では、経済の情報化、ソフト化、サービス化の傾向が急速に進展し、産業構造・就業構造が大きく変化し、ハードパスからソフトパスへ、量の豊かさから質の豊かさへ、画一・均質から多様性・選択の自由の拡大などが求められている。また、科学技術の進展により、知的・文化的生産能力の高い個性的・創造性で感性豊かな人間が求められている。

　こうした観点を踏まえて平成元年学習指導要領改訂における「商業の目標」や科目の新設や改善が行われており、「流通経済」「国際経済」「経営」「情報管理」「経営情報」などの科目が生まれている。これらは、わが国の産業が高付加価値化をめざした複合的技術革新のもとで、コンピューターと通信の結合による「高度情報通信システム」（INS）を実現するなど、高度情報化社会へ進みつつあることから、商業教育においても経済のソフト化に対応した展開となっている。

4．経済の高度情報化展開期（1985～）

（1）平成11年高等学校学習指導要領改訂

　世界的な第2の産業革命といわれるIT（information technology）革命の波は、これまでの産業のあり方や企業活動を根底から揺るがすことになった。インターネットを主体とする情報テクノロジーの発達と応用は商品の生産・流通・消費のあり方や商取引の形態を大きく変化させている。こうした産業経済変化に対応して、1998（平成10）年に理科教育及び産業教育審議会による「今後の専門学校における教育のあり方等について」（答申）が行われている。

　この答申のなかで、高校の職業教育について、「卒業後すぐに

特定の分野の産業に従事することを前提とした教育課程では社会のニーズや生徒の希望に十分に対応できなくなっている」としている。この指摘は高校の職業教育の専門性を否定する考え方である。産業教育として、農業、工業、商業、水産業その他産業教育はそれぞれの専門性に依拠した教育であり、どんな些細な専門性や資格・検定を身につけることは、生徒の自信と誇りを培うものであり、それが人格形成となるとともに、さらに能力、適性、可能性を求めて意欲と情熱をかき立てて自己実現に邁進させるものである。人格の形成は、そうした些細な成功体験があってこそ職業教育を学ぶ生徒の人間性の向上につながっていくものであり、職業教育に専門性を否定した考え方は高校の職業教育の衰退を招くものである。

平成11年学習指導要領改訂における「商業の目標」に商業教育の専門性とあわせて、はじめて「ビジネス」という用語が使用されている。これまでの「商業の目標」を踏襲しながら「商業」「ビジネス」への転換である。

この背景には、理科教育及び産業教育（理産審）答申（1998年）において、「近年の科学技術の進展等に伴い、産

平成11年の学習指導要領の改訂

（商業の目標）
商業の各分野に関する基礎的・基本的な知識と技術を習得させ、ビジネスに対する望ましい心構えや理念を身につけさせるとともに、ビジネスの諸活動を主体的、合理的に行い、経済社会の発展に寄与する能力と態度を育てる。

科	科目
商業	ビジネス基礎 課題研究 総合実践 商品と流通 商業技術 マーケティング 英語実務 経済活動と法 国際ビジネス 簿記 会計 原価計算 会計実務 会計情報処理 ビジネス情報 文書デザイン プログラミング

業界において必要とされる専門的知識や技術・技能は高度化するとともに、従来の産業分類を超えた複合的な産業が発展している」と指摘しているように、現在の産業社会では、技術や産業が他の分野と結合し、新たな産業を創造する複合的産業社会が展開している。

商業教育が対象としている流通経済においても、商品の販売から製造（開発）までを単一の業者が行う業態として「製造小売業」が出現している。この製造小売業は、製造業の機能と小売業の機能を同時に有するもので、従来の産業分類では存在していなかった。しかし、今は日本標準産業分類において、大分類の卸売・小売業に含まれる一業態とされている。

この製造小売業の事業活動として、SPA（Speciality store retailer of private label apparel）による業態であり、自ら商品開発、材料調達、製造、販売を行うことから、製造プロセスでは経営資源を投入して付加価値を生み出す事業（ビジネス）活動を展開し、販売プロセスでは商業やマーケティング活動などを展開するものである。したがって製造小売業は事業（ビジネス）活動と商業活動を同時に展開している業態である。アパレル業界では、昭和59（1984）年には、ユニクロ（ファーストリテイリング）が製造小売業の業態として展開し、その他多くの流通企業においても展開していることがみられる。

こうしたSPA業態の製造小売業の活動は商業のコンセプトだけでは対応できないものであり、ビジネスのコンセプトをも必要とすることから、「商業の目標」に、「ビジネス諸活動を主体的・合理的に、かつ倫理観をもって行い」としていることは理解することはできる。しかし、商業の定義は、日本標準産業分類にみられるように、「卸売・小売業」であり、製造小売業も卸売・小売業

に分類されていることから、「商業の目標」において"ビジネス諸活動"と捉えるより"商業諸活動"として、その中にビジネス活動を合わせ含むとらえ方をした方が現実的ではある。あるいは、今日、新しい事業領域として「宇宙ビジネス」のコンセプトがあるように、商業とビジネスとを融合した事業領域について「商業ビジネス」という新しいコンセプトの捉え方も考えられる。

　科目の編成については、21科目から17科目に改組・改善されているが、理産審・答申にみられるように、流通産業においても新たな業態として登場した製造小売業は、これまでの流通産業と異なり、商業のコンセプトとビジネス（事業）のコンセプトを統合した企業形態である。それゆえ、商業の機能とともに商品の開発、原材料調達、製造に関するプロセスは、経営資源（ヒト、モノ、カネ、情報）を投入し、経済価値を生み出す一連の活動であるから事業経営（ビジネス）の知識や技術・技能が必要とされることになる。今回の学習指導要領改訂では、「経営」、「経営情報」の科目が削除されていることは、商業教育におけるビジネスに関する教育を推進していくに際して十分な理解が得られない。

(2) 平成21年高等学校学習指導要領改訂

　この平成21年度の学習指導要領改訂は前回の平成11年の学習指導要領の改訂を踏襲するものであるが、さらに踏み込んだビジネス教育を指向している。平成11年の改訂では「ビジネスに対する望ましい心構えや理念を身につける」から、今回の平成21年改訂では、「ビジネスの意義や役割についての理解」と「ビジネス諸活動を主体的、合理的に、かつ倫理観をもって行い」と規定している。また、学習指導要領改訂・同解説・商業編では、ビジネス諸活動を商品の生産・流通・消費にかかわる経済的諸活動

の総称と規定し、このビジネス諸活動を主体的、合理的に、かつ倫理観をもって行う人材は、これまでの商業人という捉え方ではなく、「職業人」であるとしている。

こうした背景には、平成10(1998)年の理産審の「今後の専門高校における教育の在り方等について」(答申)によるところが大きく影響しているとみることができる。つまり、近年の科学技術の進展等に伴い、産業界において必要とされる専門的知識や技術・技能は高度化するとともに、技術や産業が他の分野と結合し、新たな産業を創造するなど複合的な産業が発展している。

こうした産業社会の変化に対応して、専門高校の職業教育(商業)は、これまでの卒業後すぐに特定の分野の産業に従事する専門性を重視した教育から社会のニーズや生徒の希望に十分に対応できる広い適応性のある教育への転換を示唆している。こうした観点から専門高校における人材育成観は、現行学習指導要領改訂・同解説・商業編にみられるように「職業

科	科 目
商業	ビジネス基礎 課題研究 総合実践 ビジネス実務 マーケティング 商品開発 広告と販売促進 ビジネス経済 ビジネス経済応用 経済活動と法 簿記 財務会計Ⅰ 財務会計Ⅱ 原価計算 管理会計 情報処理 ビジネス情報 電子商取引 プログラミング ビジネス情報管理

平成21年の学習指導要領の改訂

(商業の目標)
商業の各分野に関する基礎的・基本的な知識と技術を習得させ、ビジネスの意義や役割について理解させるとともに、ビジネスの諸活動を主体的、合理的に、かつ倫理観をもって行い、経済社会の発展を図る創造的能力と実践的な態度を育てる。

人」の育成というコンセプトが生まれてきたと理解することができる。しかし、平成23年中央教育審議会の「今後の学校教育におけるキャリア教育・職業教育の在り方について」(答申)における「職業教育」の内容と課題として次の点が指摘されている。その要点は、「人は、専門性を身につけ、仕事を持つことによって、社会とかかわり、社会的な責任を果たし、生計を維持するとともに自らの個性を発揮し、誇りを持ち、自己を実現することができる。仕事に就くためには、社会的・職業的自立に向けて必要な基盤となる能力や態度だけでなく、それぞれに必要な専門的な知識・技能を身につけることが不可欠である」としている。この指摘にみられるように、産業社会に商品の流通(生産を含む)という特定の分野の専門的職業に従事する人材の育成を目指す商業教育は、単なる「職業人」ではなく、商業・ビジネスという専門的な知識や技能を有する中堅スペシャリストの育成であるということができる。

　また、産業経済に対応する視点としては、経済の成長が停滞するなかで、人口減少、高齢化がすすみ、経済構造が変化しつつあるなかで、IT化、グローバル化、国際化が加速的に進展している。特に商品流通に関わるインターネットを主体とした情報テクノロジーの発達と応用は流通システムを大きく変化させるとともに、流通産業の新たな業態として「製造小売業」や「製造販売会社」が出現している。しかし、これらの業態は日本標準産業分類では「商業」(卸売・小売業)に分類されており、その活動の主体は商業に関する企業体として把握されるものである。したがって、これらの流通企業の活動について、P.F.ドラッカー(Drucker)がいう「事業(ビジネス)とは、組織に経営資源を投入し、経済価値を生み出すまでの一連のプロセスである」とする規定と商業活

動のビジネスとは同一に理解することは難しく、これらの流通企業の活動は商業という観点からとらえることが必要である。

　いま一つの視点は、今回の学習指導要領改訂において、商業科目として「電子商取引」が設置されているように、今日のインターネットを主体とした情報テクノロジーの発達と応用は商品の生産と消費のあり方に大きな変化を与えている。スマートフォンの普及にみられるように、いまや買い物の場は消費者の手に収まるようになったことである。ネット通販の市場規模はすでに百貨店やコンビニを抜き、スーパーに迫る勢いで成長している。今後は、「通販と店頭」融合という新たな革命が始まっている。（産経新聞、平成25年12月28日）

　また、流通産業界に製造小売業の出現は、商品の流通において、消費拠点から流通拠点へと転換が進むなかで新たな商品開発戦略が展開されている。コンビニ業界ではPB（private　brand）商品（流通業が主体となって開発した独自のブランド商品）の開発で新しい商品価値の訴求による市場競争の優位性をめざす戦略であり、アパレル業界では革新的素材でコスト削減をめざしたPB商品の開発など新たな戦略を展開している。

　以上のような流通産業の戦略が推進されるなかで、生産・流通・消費の経済循環において、流通が拠点となってタクトを振り、生産と消費を創造しながら誘導していく新しい時代が到来している。したがって流通産業に働く人に求められる資質・能力は、単に知識・技術・態度等に優れているだけでなく、いかに時代の変化を読み、仕事に対する知恵、創意工夫、熱意などを有し、「仕事術」に長けた人材である。

　しかし、現在の商業専門高校で育成をめざしている人材は、現行の学習指導要領改訂・同解説・商業編で示しているように、将

来、何らかの経営体の組織の一員としてビジネス諸活動に取り組む「職業人」と規定している。そして、身につける能力としては、顧客満足実現、ビジネス探求、会計情報提供・活用、情報処理・活用などがあげられている。これらの能力は商業・ビジネスの専門知識・技術であり、これらを習得することは「優れた知識・技術者」ということになる。ところが、現実の産業界（流通産業）に求められている人材は「優れた知識・技術者」だけでなく、商品流通に関わる、知恵、才覚、創意工夫、熱意などによる「仕事術」に長けた人材が重要視されている。

　それゆえ、商業専門高校がめざす人材育成として「職業人」として現行の学習指導要領改訂・同解説・商業編で規定しているのは不十分であり、むしろ「商業人」として捉えた方が妥当であるといえる。

第5章　商業教育の革新と課題

1．わが国商業の歴史的素描

(1) わが国の伝統的な商業の原型

　わが国における商業活動といわれる活動の台頭は、13世紀の鎌倉時代中期以降にみられる貢租の商品化による商品経済の発達に伴い、手工業製品を販売する集団である「座」の制度によって商業活動が活発に行われたことに始まるといわれる。そして、15世紀の室町時代には町人階級として確固たる地位を占めるようになっている。室町時代から徳川初期にかけての代表的な成長産業は商業であった。(『日本の商人』第1巻、TBSブリタニカ、1984年)といわれる。室町時代になると全経済が貨幣経済に巻きこまれ、さらに海外貿易が盛んになった時代で幾多の豪商が生まれている。

　今日の商業教育を考えるに当たっても、歴史上に社会・経済に大きな影響を与え、顕著な貢献をした「豪商」とは、どのようにして生まれ、どのような気質を持っていたのか、どのような人間像であったのか、について知ることは、当時の社会、政治、経済、交通・輸送などの制度が今日と相違しているとはいえ、教育における人材育成の視点から重要なことである。つまり、豪商にみられる人間像は、財をなすに当たって、商売に対しては、才覚と先見性、進取の気性と超人的な努力によって果敢に挑戦していく起業家精神の持ち主であったとみることができる。

　今日の商業教育においてめざす人材観の原点は、時代が変わっても、商業（商売）を中心とした流通産業に携わる人びとにとっては豪商にみる気質を涵養することが大切な点であり、商業を学

ぶ専門高校の一つの特徴であるといえる。つまり、商業教育は商業（商売）の歴史を学ぶとともに、商業に関する専門的知識・技術の習得とともに、人材の人間的要素が強く作用していることを認識し、今日の科学技術の進展における産業社会に対応した教育の展開が必要とされている。

(2) わが国の伝統的商業のルーツ

わが国の資本主義以前における商業および商業資本の発生は、自然経済を基調とした家内工業のもとで農村手工業、小営業生産などによる商品生産であり、商品流通も部分的なものであった。それゆえ、商人による商品の買い取りを主としたもので生産過程を掌握するものでなく、もっぱら流通過程のみにおいて機能していた。そして商人資本が蓄積されていくなかで、社会の発達に伴う商品需要の拡大に対応して、商人資本は資金、原料、道具の貸し付けなどによる委託生産が行われるようになり、生産された製品は独占的に買い取るという問屋制家内工業へと発展していった。この段階になると、商業資本（問屋）の生産支配が強まり、商品流通の増大とともに貨幣的富の集積がなされて商業資本が確立していった。

19世紀に入ると、商業資本による資本的生産様式であるマニュファクチャー（工場制手工業）が発生する。このマニュファクチャーは産業資本と賃金労働者での形態のもとで体系的分業を行いつつ協業（共同作業）による生産方式によるものであった。こうしたマニュファクチャーや小規模商品生産者の生産する商品の買い入れを担当する新しい階層の人びとが現れ、これが問屋制商人である。そしてマニュファクチャーにおける産業資本の確立による資本制経済体制のもとで商品市場が拡大し、商品需要も増大して

いった。こうした資本主義的な経済活動が進むなかで、市場と商品流通における生産と消費との場所的、時間的、量的、質的な懸隔の急激な拡大に伴い、これらの懸隔を有効に媒介し、流通量の流通時間や経費の節減をするため、懸隔の媒介を担当する商業資本の機能分化、分業の高度化が要請されるに至り、ここに卸売・問屋業と小売業との分化と卸売・問屋過程の多段階化、商品別専門化がもたらされることになった。これが伝統的商業の原型であり、長い歴史的な過程で培われながら今日の資本主義経済における商業の源流となっている。

(3) わが国の現代的商業のはじまり

わが国の近代化のはじまりは、安政元（1854）年の開国から明治維新を迎えて殖産興業と富国強兵政策のもとで欧米先進国からの技術や制度の導入によって産業経済は大きく発展し、開港による貿易の拡大を契機にして、近代資本主義経済の確立をみることになった。これに伴い、商業活動の領域においても貨幣制度の整備や近代的金融機関の制度が導入されて商業資本から産業資本への転換が進み、生産から消費への商品流通も拡大し、その媒介する商業の機能は資本主義経済の中で重要な地位を占めるようになった。

資本主義経済は産業資本を基軸として生産と消費が行われ、それを媒介する流通が構造的に介在することによって成立するものである。この場合、生産と消費を媒介する流通に二つの概念があり、その一つは産業全体における生産部門において、メーカー自らが生産において直接的に随伴する原材料の購入や製品の販売を行うことを含め、産業資本による商品生産全体を包括した流通の概念としてとらえられる流通産業（distribution industry）の概

念である。

　いま一つの概念は、資本主義経済の構造を基本的に構築している商品の生産と消費を媒介する特定の仕組みとしての流通の概念である。つまり、産業資本の運動法則のもとでメーカーがおこなう商品の生産および販売から相対的に独立したかぎりにおける流通として、メーカーによる「生産物流通」一般から区別された商品流通の概念である。それゆえ、資本主義経済における商品流通それ自体を媒介する機能を商業と規定し、生産から消費への商品流通それ自体を媒介する営みを主体としたものである。しかし、今日のICT（information and communication technology）化、グローバル化などによって変容しつつある。

　以上の二つの概念は現実の産業活動において錯綜しており、純粋に区別することは難しいことである。しかし、産業経済全体において産業資本の運動法則のもとで展開する商品生産と大衆消費市場との結びつきは、流通機構の変革が求められている。したがって、単純商品流通としての性格を根底に持ちながら流通の産業化（industrialization）へと変化しつつある。

(4) 現代的商業の流通産業化への道

　いつの時代においても、商業教育が主たる対象とする領域は生産者から消費者に至るまでの商品・サービスの流れについての流通領域を意味している。この流通領域の経済主体をなすものが流通であり、経済循環である生産・流通・消費における商品・生産物の社会的移動を担う機構・機能を意味している。今日のように生産サイドの技術革新や高度化が進むとともに所得水準の上昇による消費サイドの多様化、成熟化は生産と消費を結ぶ流通に関わる卸売・小売業の業種・業態に変化をもたらしている。いま、IT

(情報技術)の加速的な進展が、これまでの生産・流通、消費の関係を根底から揺るがしている。従来における産業構造の高度化は大量生産による商品の生産供給を実現し、一方、経済成長によるGDPの増大に伴って所得水準は上昇し、豊かさのもとで大衆消費市場が実現していった。そして、長期的購買力の改善と生活水準の向上は、主に消費の構造が変化することで生じる。[注1] したがって、これまでの「供給が消費を生み出す」という考え方から、豊かさと消費者ニーズの多様化は画一的な供給から多様な選択への時代へと推移し、さらに高度情報化の進展は生産と消費の結合における流通の新たな役割が求められている。さらに国際化、グローバル化、IT(情報技術)化の進化などによって生産と消費を結ぶ商取引流通、物的流通プロセスは時間的・地理的な懸隔が短縮・スピード化し、流通機構の中枢を掌握していた伝統的な卸売(問屋)業主導のパラダイムが崩壊するとともに、e-コマース(電子商取引)やe-ビジネスの登場によって流通機構は新たな展開が流通産業化を促進している。

　e-コマースはデジタルメディアを介して売買を行うもので、インターネットが重要な役割を担っている。いわゆる顧客から企業、サプライヤーへの双方向の情報による新しい流通チャネルであり、主に商社をはじめ卸売業など企業間取引、B to B (business to buisiness)やB to C (buisiness to consumer)などがある。また、多くの消費者がウエブ上で商品購入できる事業を展開している楽天(小売業)やその他証券取引、支払決済(ATM)、航空チケットの購入といった商取引が行われている。つまり、スピード、利

(注1) トマ・ピケティ著、山形浩生他訳『21世紀の資本』、みすず書房、2015年、92頁

便性、パーソナル化といったサービスをもとに革命的なものである。

　e-ビジネスは情報技術とe-コマースのプロセスを最大限に活用し、企業が生産と顧客を軸にして、顧客とよりよい関係を築き、スピード、利便性、価格などの面から顧客価値を最大にすることを目指すものである。したがって、事業全体を情報技術によって統合し、デル・コンピュータの事業経営にみられるように、製品計画を核に、材料・部品調達、製品組立（製造）、物流、販売に至る一連のプロセスをバリューチェーンのもとで、受注生産（build to order）方式というビジネスモデルによって、注文があるまで商品の組み立てをしないことで部品や製品の在庫を削減し、低コスト化を実現して低価格で顧客満足の商品供給を行うものである。また、顧客が求める商品を求める時と場所に、低コストで提供するためにはSCM（supply chain managemant）の手法が用いられている。SCMは企業の経営戦略として生産から顧客への配送まで包括する総合的プロセスである。企業と取引相手企業との間の原料調達・製造・配送の複雑なネットワークを用いて、タイム・トゥ・マーケットの短縮・流通コストの削減、商品を適切なコストと価格で適切な時期に適切な場合に届けることを総合的に管理する新しい経営手法である。

　こうした商品の生産＝流通システムは、従来の単純商品流通の形態と機能を果たしてきた卸売（問屋）や小売業とは異なった事業展開である。つまり、流通産業といわれるように流通プロセスの中に産業資本が介在するなかで、事業全体をシステムとして情報技術によって統合し、企業自ら製造、物流、小売業の機能を持った業態である。これを「製造小売業」として日本標準産業分類では「卸売・小売業」に含まれている。しかし、この業態はSPA（ア

パレル製造小売業)とは類似しているが機能的には異なっている。

(5) 現代的商業教育の活動領域を明確化する

今日、わが国の流通産業は、国際化、グローバル化、ITの進化などによって経営環境は急激な変化を遂げつつあるなかで、伝統的商慣行や古い経営体質を残存しながら1960年代に起こった「流通革命」の流れを受けつぎ、IT（情報技術）の進展とともに、新

〔表5-1〕卸売業の業種別年間商品販売額

産　業　小　分　類	年間商品販売額（億円）	
	平成26年	
		構成比(%)
卸売業計	3,649,094	100.0
各種商品卸売業	258,303	7.1
繊維品卸売業（衣服、身の回り品を除く）	24,255	0.7
衣服卸売業	42,215	1.2
身の回り品卸売業	38,352	1.1
農畜産物・水産物卸売業	313,555	8.6
食料・飲料卸売業	424,917	11.6
建築材料卸売業	184,652	5.1
化学製品卸売業	236,643	6.5
石油・鉱物卸売業	377,944	10.4
鉄鋼製品卸売業	247,667	6.8
非鉄金属卸売業	67,799	1.9
再生資源卸売業	30,691	0.8
産業機械器具卸売業	194,397	5.3
自動車卸売業	141,901	3.9
電気機械器具卸売業	332,098	9.1
その他の機械器具卸売業	114,295	3.1
家具・建具・じゅう器等卸売業	41,212	1.1
医薬品・化粧品卸売業	260,493	7.1
紙・紙製品卸売業	70,339	1.9
他に分類されない卸売業	247,366	6.8

出所：経済産業省

たな流通産業が展開している。

〔表5－1〕にみられるように、卸売業の年間商品販売額は、3,649,094億円であり、事業所数265,312、従業者数2,804,386人であって流通産業の主要な地位を占めている。過去の流通革命論においては、「問屋無用論」が提唱されたが、今日では卸売（問屋）業の機能と機構は存続しており、ICT（情報通信技術）の発達に伴うe-コマースによるB to B、B to C、などによる流通の効率化・合理化が進むなかで、卸売業（問屋）は不死鳥のように、時代の変化に対応した時流戦略を展開して成長している。

その主な戦略としては、（ア）情報化戦略として、EOS情報システム、営業情報システム、リテイルサポート情報システムなどがある。（イ）物流効率化戦略として、多頻度小口配送システムがある。（ウ）リテイルサポート戦略として、品揃え・オリジナル化、小口多頻度配送、商品情報提供、販売促進支援、店舗・経営活性化支援などがある。（エ）得意先戦略として、成長小売業態との積極的な取引、取引慣行の改善などがある。

このようにして、現在の卸売（問屋）業は多様な時流戦略を展開し、情報化を成長戦略の武器として、流通産業において主要な地位を確立している。

次に、小売業については、〔表5－2〕にみられるように、平成26年の年間商品販売額1,278,949億円、事業所数780,719、従業者数5,868,417人を占めている。

これまで、わが国の小売業は過小過多や経営管理の非効率性といわれてきたが、昭和37年の「流通革命論」の登場により、流通の合理化、効率化が問題となり、流通システムの近代化が求められて卸売・小売業の整理・統合が進められ、大きく減少することになった。

しかし、わが国の著しい経済成長に伴うGDPの増大による所得水準と消費需要の拡大によって商品流通も拡大し、大量生産と大量消費のもとで小売業は新しい総合スーパーチェーンやコンビニエンスストアが登場し新しい流通システムが展開していった。

〔表5-2〕小売業の業種別年間商品販売額

産 業 小 分 類	年間商品販売額（億円）	
	平成26年	
		構成比(%)
小売業計	1,278,949	100.0
百貨店、総合スーパー	110,975	8.7
その他の各種商品小売業（従業者が常時50人未満のもの）	6,600	0.5
呉服・服地・寝具小売業	4,804	0.4
男子服小売業	12,057	0.9
婦人・子供服小売業	40,679	3.2
靴・履物小売業	6,643	0.5
その他の織物・衣服・身の回り品小売業	21,560	1.7
各種食料品小売業	128,757	10.1
野菜・果実小売業	9,206	0.7
食肉小売業	5,906	0.5
鮮魚小売業	6,045	0.5
酒小売業	13,561	1.1
菓子・パン小売業	19,735	1.5
その他の飲食料品小売業	140,960	11.0
自動車小売業	148,921	11.6
自転車小売業	1,873	0.1
機械器具小売業（自動車、自転車を除く）	84,988	6.6
家具・建具・畳小売業	8,903	0.7
じゅう器小売業	4,030	0.3
医療品・化粧品小売業	99,574	7.8
農耕用品小売業	15,149	1.2
燃料小売業	132,144	10.3
書籍・文房具小売業	27,555	2.2
スポーツ用品・がん具・娯楽用品・楽器小売業	19,478	1.5
写真機・時計・眼鏡小売業	9,971	0.8
他に分類されない小売業	84,714	6.6
通信販売・訪問販売小売業	83,066	6.5
自動販売機による小売業	14,873	1.2
その他の無店舗小売業	16,221	1.3

出所：経済産業省

本来、小売業の社会的責任は、いつの時代においても、生産から最終消費者に商品を販売する機能により、国民生活の充実と向上を果たすことにある。しかし、小売業の機能は社会経済の変化や消費者の欲求・ニーズの変化によって変革が求められているのが現実である。今日のわが国の小売業はICT（情報通信技術）の発達によるe-コマースやe-ビジネスなどの展開により商品流通はB to B、B to Cなどの形態で空間的・時間的にスピード化するとともに、成熟消費時代の到来により、「モノ余り」「モノ離れ」の現象が生まれ、消費者は自分にとって本当に必要であり、しかも好みに合った商品を常に適時、適量、適正価格で求めるようになっている。こうした成熟消費需要の変化の状況に対応して、小売業は単に消費者の欲求・ニーズに合わせるのではなく、消費者の潜在的欲求・ニーズを掘り起こし、商品化することによって需要創造をする時代を迎えている。それゆえ、今日の小売業は作った商品を販売するだけでなく、小売業が生産・流通・消費における「流通起点」となって生産と消費を誘導し、創造する時代を迎えている。つまり、激変する産業構造と成熟した消費需要構造における商品流通は、これまでの「生産起点」から「消費起点」を経て「流通起点」を主軸として展開している。

　以上のような流通機構の変化に対応して、小売業の経営戦略は大きく転換し、新たな理論の構築が始まっている。その一つが、従来の主流である「チェーンストア理論」であり、（a）低価格＝大量販売を目指したマーチャンダイジング（MD）志向、（b）経営管理のチェーンオペレーション志向を基本にした新しいビジネスモデルで「新・チェーンストア理論」[注2]といわれる理論であ

（注2）岡本広夫著『ユニクロ方式』、はる出版、2000年、151頁

る。その中核となっているのが次の式である。

　［売上拡大－コスト削減＝＜在庫回転率向上＞営業利益増加］

　この式で、「売上拡大」を実現するための戦略としては、マーケティング力を主軸とした「商品力強化戦略」と「市場拡大戦略」とからなっており、小売業のテーゼとなっている「よりよい商品をより安く売る」を実現するためにも、商品力強化戦略が重要視されており、その主力となっているのが「トータル・チェーン・マネジメント」（TCM）の経営法である。「よりよい商品」を調達するために生産段階への垂直統合によるPB商品の開発を含め、消費者のニーズや好みに合った商品を適時・適量・適正価格で提供しなければならない。その中心がマーケティング戦略であり、それを支援するマーケティング・チェーン・マネジメント（MCM）があり、商品開発に際して、消費者の欲求・ニーズの変化をいかに早く的確に把握し、マーケティング・データの収集と分析加工機能を行うものである。また、「市場拡大戦略」は多店舗展開戦略の加速化として店舗立地の選択を含めて市場の拡大を目指すものである。また、前掲の式における「コスト削減」については、サプライチェーンマネジメント（SCM）の導入により、コストの低減を図るものである。こうした経営管理の手法は「科学的経営法」といわれ、総合スーパーチェーン、コンビニエンスストア、製造小売業、専門店チェーンなどに導入されて市場競争はますます激しくなっている。

　これからの流通システムにおける小売業は、TCM手法を主軸とした「科学的経営法」による企業経営が求められており、真のマーケティングを主語としたビジネス構造への転換を図るとともに、「流通起点」による需要創造の時代を突破する必勝戦略を構

築することによって勝者になることができる。

　以上のような小売業の変革にみるビジネスモデルにおける知識・技術は、マーケティングが重要視されている。この要請に対して商業・専門高校では平成21年高等学校学習指導要領改訂・同解説・商業編における商業科目の設置は、マーケティング分野の科目として、「マーケティング」「商品開発」「広告と販売促進」が設置されており、これらの科目の充実した研究と指導が新しい時代の小売業の養成に応えることが可能であるといえる。

　また、商業・専門学科でのマーケティング分野の指導にあたっては、現代市場の特徴をどう捉えるかが重要であり、今日の流通産業市場を理解するためには、従来型の「生産起点」を前提とした商品流通の捉え方ではなく、小売業であっても生産段階に介入した垂直統合によるPB商品の開発や自ら企画・開発・製造・販売するビジネスモデルによる事業活動を展開しており、いまや「消費起点」から「流通起点」へと移行するなかで商品流通が行われているのが現代市場の特徴である。それゆえ、現代市場ではマーケティング戦略が重要視されていることを認識する必要がある。

　今日、わが国の小売業の主な業態としては、(ア) 総合商社・専門商社、(イ) 百貨店、(ウ) 総合スーパー、(エ) コンビニエンスストア、(オ) 家電量販店、(カ) ディスカウントストア、(キ) ホームセンター、(ク) アパレル (SPA)、(ケ) ドラッグストア、(コ) ショッピングセンター、(サ) チェーンストアなどがあげられる。

（ア）総合商社・専門商社
　元来は原料・加工品の売買取引の仲介機能を担う巨大な資本力と商権を持ち、国内外のグローバルな商品調達を行っている。事業分野は「ミサイルからラーメンまで」といわれるように産業の

あらゆる分野におよんでいるが主な分野は金属やエネルギーである。最近は産業のデベロッパーとして海外をはじめ国内においても生産から販売までを情報技術によって統一した経営戦略（SCM：supply chain management）のもとで事業展開している。売上上位企業としては、三菱商事、伊藤忠商事、三井物産、丸紅、住友商事などがある。

（イ）百貨店

わが国の百貨店は百数十年の伝統と格式を誇る小売業であり、都市のシンボル性や文化性、消費者の信頼性などを有している。百貨店経営の特質としては、買回性（shopping goods）を中心とするありとあらゆる商品を、部門別に仕入れ・品揃えし、対面販売で消費者に商品を提供することを特徴とし、オーセンティック（authentic）な小売業としての地位を占めている。しかし、最近の情報通信の発達と豊かさによる消費者ニーズの個性化や多様化によって総合スーパー（GMS：general merchandise store）や専門店との競合が激しくなっている。

（ウ）総合スーパー（GMS）チェーン

本来は生活に必要とされる商品を総合的に取り扱うもので、低価格、セルフサービス方式によるワンストップショッピングのもとでの利便性を提供する小売業である。その経営特質は品目別管理で大量販売と1品1品の訴求点をうまく結合し、単品の大量販売を実現することを目的としてグローバルパーチェシング（国際的商品調達）やPB（private brand）商品の開発による独自性をめざし、全国規模のチェーン展開を行っている。

（エ）コンビニエンスストア（CVS）

利便性を武器に住宅やオフィス近辺に立地し、店舗（30坪前後）の大半はフランチャイズ方式により、生活必需品を年中無休・

24時間営業でナショナルブランド商品を定価販売している。営業の特質は店舗のチェーン展開のもとでPOS（販売時点管理）を核にしてダイヤグラム配送などによる効率的システムを築き上げ、最近は総菜や弁当などの充実、ATMの設置など多様な展開をみせている。

（オ）家電量販店

卸売（問屋）を通さずメーカーから家電を仕入れ、低価格を武器にチェーン組織のもとで店舗・通販などを通じて一般消費者に販売する専門店である。商品の価格が大きな競争要因になっていることから薄利多売を基本路線にしながら、いかに売上規模を拡大してメーカーからよりよい取引条件を引き出すかが鍵になっている。店舗立地はロードサイド型（郊外出店）とレールサイド型（大都市駅前出店）の2つですみ分けがなされてきたが、最近は渾然とした状況が生まれており、市場規模が伸びない中、業界上位企業のM&A（merger and acquisition：企業合併・買収）や積極出店によって売上の拡大をめざしている。

（カ）ディスカウントストア

100円ショップや家具店などでは、低価格訴求型の小売業の総称である。グローバルパーチェシング（grobal purchasing：国際的商品調達）による商品調達ルートの開拓や計画発注による原価の引き下げや効率的なロジスティクスや在庫管理システム、店舗レベルオペレーションなどで低価格を支え、全国規模での店舗展開が進んでいる。

（キ）ホームセンター

1960年代の豊かさと余暇の時代を迎えて日曜大工用品、建材、園芸、家具、農業資材などを低価格で販売する専門スーパーである。大手企業は全国チェーン化を展開しており、M&Aや共同仕

入、グローバルパーチェシング（国際的商品調達）などによって需要の拡大を図っているが、総合スーパーとの競合が激しくなって苦境に陥っている。

（ク）アパレル（SPA）業態

衣料品を自社で企画・製造・販売を行う企業（SPA：speciality store retailer of private lavel apparel）といわれる衣料品専門店チェーンであり、「製造小売業」として日本標準産業分類において、大分類の卸売・小売業に含まれる一業態とされている。事業経営のプロセスは、素材調達、製品企画開発、製造、販売、在庫管理、店舗企画までを含む全工程を一連の流れとしてとらえ、海外生産を含むものである。代表的な例としては、ユニクロ（ファーストリテイリング）が有名である。こうした業態はアパレル業界にとどまらず、パソコンメーカーにおいても顧客のニーズへの効率と迅速な対応（QR：quick response）をするため、受注生産（BTO：build to order）によるe-ビジネスモデルを構築し、「製造小売業」の業態として事業展開を行っている企業が多くみかけられる。

（ケ）ドラッグストア

医薬品や日用品、トイレタリー商品を中心に取り扱い、セルフサービス方式を導入して低価格政策をめざした小売業である。利幅の大きい医薬品や化粧品のほか日用品をあわせてチェーン組織によって市街地に店舗展開するとともに調剤を併設し店舗が増加している。2009年に薬事法が改正され、スーパー・コンビニなどでも一般用医薬品の一部が販売されることになり、競合が激しくなっている。

（コ）ショッピングセンター（SC）

地域振興を含めた商業集積として、デベロッパーのもとに計画

的に小売業、飲食業、サービス業などによるワンストップショッピングの機能と広い駐車場や銀行、郵便局を備えた集団的施設である。こうした大規模な商業集積の台頭によって、車社会の実現とともに旧来の商店街はゴースト・タウン化している。しかし、魅力ある個性的商店街の創出によって対抗している地域もみられるが、競合が激しい状況にある。

（サ）チェーンストア

一般的に、標準化された店舗を多数展開することで低コスト化と単品大量販売を実現し、仕入先に対してバイイングパワーを発揮するという規模の経済性追求型の組織を有する小売業や飲食店業界にみられるものである。その業態としては、本部と店舗が同一資本の直営チェーン、資本的に独立した複数の商業者によるボランタリー・チェーン（協業組織）、本部と資本関係のない独立商が、本部から商号、商標その他営業上の経営ノウハウを受けて商品・サービスの一手販売を行い、本部に対して一定の対価を払うフランチャイズ・チェーンなどがある。チェーンメリットは200〜300店舗以上でないと効果を発揮することが難しいといわれているが、主に飲食業や物品販売業に多く展開されている。

2．商業教育に求められる資質・能力の変化

（1）商業教育はスペシャリストの基礎・基本を培う

わが国の新教育制度が導入（昭和22年）されてから60余年が経過しているが、その間に、経済・産業の発展による所得水準の上昇による豊かさ、価値観の多様化、生きる意識の変化、教育的欲求の拡大などによって、教育基本法の一部改正が行われたけれども、教育基本法や学校教育法は、制度化された当時の社会、経

済、産業の状況と、今日の科学技術の進展に伴う技術革新やIT（情報技術）の加速的な発達及び応用の拡大に伴う社会や経済・産業の変容によって現実妥当性において不十分な点が多くみられるようになっている。

一つは、初等中等教育の位置づけは、高校進学率は98.4％（平成25年）に上昇しており、義務教育化している。学校教育法にみられる第21条1〜10項は現実の中学校教育の内容において不十分な個所が多くみられる。

その二つは、学校教育法・第50条の高等学校に関する規定においても、1998年理科教育及び産業教育審議会（理産審）による「今後の専門高校における教育の在り方等について」（答申）や2011年中央教育審議会（中教審）による「今後の学校教育におけるキャリア教育・職業教育の在り方について」（答申）をみると、現在の専門高校教育としての商業教育の在り方についての現実妥当性の観点から不十分な点がみられる。

今日、社会・経済の発展とともに教育を取り巻く環境は大きく変化し、高学歴化、高進学率にみられるように、教育を受けるか否かの選択は、経済的理由は小さく、社会情勢や生徒自身の未来志向にもとづく希望や願望が強くはたらいていることである。つまり、できることなら、一流大学、一流企業、高級官僚、高ステータス生活の実現に向けて、初等中等教育段階からこの階段を登るために、偏差値を重視した教育を望み、普通高校・普通科への進学を希望し、大学等への進学に不利といわれる専門高校の職業科への進学は敬遠される状況を生み出している。いわゆる専門高校の商業科に進学することは、高校卒業単位数74単位のうち、職業に関する専門科目の単位を25単位以上を履修しなければならなく（学習指導要領・総則）、専門高校の商業科に学ぶことは、

それだけ普通科目の履修単位が少なくなり、大学等への受験競争において不利になることは明らかである。いま、大学等への受験の多様化が進み、AO（admissions office）入試、推薦入試、一芸入試など、必ずしも教科・科目の成績によらない入学選抜試験が行われているけれども、大勢は大学入試センター試験にみられるように教科・科目が重視されている。

　第二の要因は、技術革新、国際化、IT（情報技術）化、少子高齢化などにみられるように、社会・経済は大きく変化していることである。これらの変化は専門高校における職業教育を取り巻く状況として極めて大きな意味をもっている。つまり、産業構造や就業構造の変化は高度の専門的知識や技術・技能を有するスペシャリストの需要が拡大するとともに、大学等高等教育機関への進学率の上昇によって専門高校が輩出する人材は専門性を有する「中堅スペシャリスト」の育成から将来のスペシャリストの基礎を培う教育へと役割が変化した捉え方が行われていることである。しかし、現実をみると、高学歴化、知識基盤社会の進むなかで、IT化の進展、技術と産業が他の分野と結合し、新たな産業を創造するなど産業社会は大きく変化している。それゆえ、専門高校の役割はスペシャリストの基礎を培う観点も大切であるが、商業教育においては、商業に関する専門性と適時性を重視した中堅スペシャリストの育成が必要である。

（2）商業教育の現代化が求める資質を涵養する

　20世紀におけるわが国の流通革命は、昭和37（1962）年に登場した『流通革命』及び昭和39（1964）年『流通革命新論』（林周二著、中公新書）によってクローズアップされた。わが国経済は昭和31年経済白書に「もはや戦後ではない」と記述されたよ

うに、昭和30年代に重化学工業の確立とともに大量生産と大量消費の時代を迎えている。しかし、この大量生産と大量消費を結ぶ流通は「経済の暗国大陸」といわれていた。流通機構が伝統的な卸売商（問屋）主導型の小規模・多段階型の生産性の低い非効率的な存在であって、経済発展のためにも流通機構の改革が必要であることから、流通経路の短縮化、小売業の大型化を中心とした流通革命の展開である。この流通革命こそ、本質的に生産と消費の経路の生産性を高め、国民経済の成長・発展に寄与するものとされた。

　当時はメーカー主導の流通支配が主であったが、やがて流通革命の旗手として登場したのが当時のGMS・ダイエーによる「価格破壊」戦略であり、PB（自主企画）商品の開発や大量流通による「よい商品を、より安く」をモットーに消費者に提供する販売戦略が展開され、「生産のための消費」から「消費のための生産」へとパラダイムの転換が進められていった。また、1974年(昭和49)年には、コンビニチェーン「セブン－イレブン・ジャパン」が登場し、消費者の利便性に応える24時間営業の店舗のもとで、物流や商品管理に関してPOS（販売時点情報管理）システムを導入するなど流通業による流通革命が推進されていった。また、情報テクノロジーの発達と応用が進み、e-コマースの展開をはじめ、電子商取引の取り組みが卸売業及び小売業において活発になっている。しかし、どのように流通環境が変化しようが、経済生活が成り立つためには、生産者によって生産された商品が消費者の手にわたり、現実に消費される必要があり、その媒介をする売買をはじめとする商取引は不可欠である。こうした行為の原点は「商売」であり、時代を超えて生きているものであって、江戸時代であろうと、明治時代であろうと、現代であろうと、商

売の原点は変わらないはずである。ただ、生産サイドの変化、消費サイドの変化に対応して流通サイドの機能や役割をどう改革していくかが大きな課題である。

　いま、インターネットを主体とした情報テクノロジーの発達と応用により商品の流通に新たな業態が発生している。その代表的なものとして「製造小売業」（日本標準産業分類では卸売・小売業に分類）があげられる。この製造小売業は、自ら商品の開発・製造プロセスを有し、自ら販売するものである。こうした流通企業の新たな展開による商品・サービスの新たな流通のあり方について、「新・流通革命」として新たな流通機構や流通機能をとらえている（産経新聞、平成25年11月30日）。

　新しい時代には、人間の欲求・ニーズが生まれ、新しい産業や商品・サービスの流通体制を生み出していくことが求められている。いま登場している「新・流通革命」の特徴は、本質的にはチャネル（経路）の生産性を高める意義を担った国民経済の変革をめざしたものであり、今日の情報通信システムの展開のもとで新たな商品・サービスの在り方を提言したものである。つまり、IT化、グローバル化などによって、商品流通に関わる空間的距離の克服、スピード化、財貨価値の時間的な保全などにより、これまでの商品生産は産業資本としてのメーカーの役割であったものが、製造小売業の業態にみられるように、商業資本と産業資本を同時に展開する流通企業が出現してきたことであり、商業者（卸売・小売業）が産業資本へと転化したとみることができる。そして、この産業資本への転化は、企業が経営資源を投入して経済価値を生み出すプロセスであり、ビジネス（事業）の要素を含んでおり、製造小売業は商業とビジネスの活動を同時に展開しているのである。

(3) 商業教育は適時性を尊重した人間形成をめざす

　今日、豊かで活力ある社会を維持、発展させていくためには、科学技術の進歩による先端技術による技術革新と、高校進学率や大学等の進学率の上昇にみられるように、個人としての教育に対する欲求と、産業経済社会における物的・人的な社会的要請とが調和していく必要がある。個人としての教育に対する欲求は、教育基本法の精神にのっとり尊重されなければならないが、社会が豊かになるにつれ、個人の欲求や願望は高度化し、大学等へ進学や贅沢な職業・企業等の選択、勤労に対する意識の変化などによって変化する就業構造に十分な対応が難しくなっている。一方、産業社会では、大企業や有名企業は労働力の確保は可能であるが、産業経済の底辺を支える中小零細企業（全体の99％）における労働力の確保が難しくなっている。

　専門高校として商業教育が輩出する人材の果たす役割は、今日の知識基盤社会の到来や産業社会における専門性の高いエンプロイアビリティーのあるソフトパワーの需要拡大が進んでいるけれども、専門高校（商業）の輩出する人材は、職業（商業）教育を通じて涵養される適時性、選択性、継続性などによって、商業・ビジネスという特定の職業に従事するために必要な知識や技術・技能、能力・適性を有する「中堅スペシャリスト」でもある。したがって、職業一般を対象とした「職業人」の育成と一線を画することが商業教育のステータスを高めることにつながることを理解する必要がある。

　さらに主張したい点は、商業教育が育成する人材は知能指数的な優秀さというより商売に長けた発想と仕事のやり方に創意工夫をする「仕事術」を身につけた人材の育成を特徴としていることである。

それゆえ、商業の教科内容の視点は次の通り改善することが必要である。
① 今日、科学技術の進歩やIT（情報技術）の著しい展開に伴い、従来の産業分類を超えた複合的な産業（製造小売業：SPA等）が展開するとともに、産業経済社会から要求される専門的知識や技術・技能の高度化のもとで職業人としてのスペシャリストの要請がたかまっていることから、「生きる力」をめざした生涯学習の基礎的・基本的資質の育成を重視した商業教育の展開が求められていることである。
② 伝統的な商業の機能である、商品の売買によって生産者と消費者との財貨の転換の媒介を為し利益を得ることを踏まえ、変化の激しい産業経済社会に柔軟に対応できる能力として次の4分野を重点に学習する必要がある。

　ア．流通ビジネス分野を対象としたマーケティング能力、コミュニケーション能力
　イ．簿記会計分野を対象とした会計活用能力
　ウ．国際経済分野を対象とした国際交流能力
　エ．経営情報分野を対象とした情報活用能力

以上の4分野に関わる能力の涵養と専門的知識や技術・技能の習得に努め、商品の生産-流通-消費にかかわる流通機能を担当する機関として、商的流通機能（卸売・小売）、物的流通機能（輸送・保管）、情報流通機能（金融・保険・情報）など流通に関わる経済的諸活動をビジネス活動として捉える側面は、伝統的商業のコンセプトにもとづくものである。1998年理産審の「今後の専門高校における教育の在り方等について」（答申）にみられるように、今日の産業社会に展開している技術と産業が他の産業分野と結合し、新たな産業を創造する事象は、商業教育が対象とす

る領域である流通産業でも、商品の製造機能と小売業を合わせもつ「製造小売業」が出現するなど新たな展開がみられるように流通産業は変容している。

3．商業教育改善の視点

(1)「商業ビジネス」コンセプトを確立する

　専門高校としての商業教育の位置づけは、資本主義経済の構造を基本的に構築している商品（生産物）の生産から消費への移動に関わる流通機構及び流通機能における商取引を対象にした教育として社会に寄与することを意味している。それは、他の職業に関する学科である、農業、工業、水産業などがそれぞれにおいて資本主義経済の特定の分野を対象として成り立って寄与していると同様な意味を持っている。

　したがって、産業構造において、商業に関する学科が対象とする特定の分野は商業（卸売・小売業）活動を行う経済主体としての流通産業（retail industry）を主な対象とするものである。しかし、今日では商業を営む流通企業でありながら、本来の商業の機能とされた商品生産それ自体から相対的に独立した流通を営むことから、製造小売業のように自ら商品の生産を行い、自ら販売を行うという、商品の製造プロセスを有する業態の流通企業が出現している。つまり、商業の営みのなかに商品の製造という事業（ビジネス）プロセスを有することから従来の商業のコンセプトは新しい意味を持ったものへと変化していると理解することができる。それゆえ、理産審の答申（1998年）にも指摘されているが、商業教育にビジネスのコンセプトが導入される一因となっているとみることができる。

また、商業教育の位置づけは、教育基本法の精神にのっとり、学校教育法が示している目標に沿って、個人の尊厳を重んじ、真理と平和を希求する人間の育成を期することによって産業経済の発展及び国民生活の向上に寄与することにある。そのために、「商業ビジネス」^(注3)に必要な専門的知識や技術・技能の習得は商業教育の直接的な目的ではあるが、それは終局的な目的ではなく、めざすは「商業ビジネス」に関する職業に従事することを通じて人格の完成と自己実現を果たすことにある。したがって、商業教育は常に産業社会の変化に対応し、自ら変革をして新しい事態に対応し、明確な目的意識のもとで果たす使命・役割が何であるかを見極め、努力していく必要がある。

(2) 新・流通産業に対応した知識・技術を習得する

　教育は常に社会に対応し、社会の変化とともに自らを変革するものでなければならないことは時代の発展過程にみられるところである。近代商業教育のはじまりは、周知のように、明治維新における近代化社会の形成に向けて、殖産興業、富国強兵のスローガンのもとで近代的経済制度の移入がはじまり、それに伴う知識や技術の必要性が高まったことから商業に関する教育機関が生まれている。はじまりは、明治7（1874）年に銀行員の育成を目的として政府によって設立された大蔵省銀行学局（同9年廃止）が最初の近代的商業教育機関といわれている。

　一般的な商業教育機関としては、明治8（1875）年森有礼によって「商法講習所」が創設され、その指導者としてアメリカ人、

（注3）社会一般に「宇宙ビジネス」や「〇〇ビジネス」といわれていることからP.Fドラッカーのビジネスの意味とは異なる「商業ビジネス」を用語とした。

ホイットニー（William Cogswell Whitney）が招聘されている。商法講習所の指導科目は「簿記」「商業算術」「商業文」「経済大意」「模擬商業実践」によるものであった。

その後、明治17（1884）年に「商業学校通則」が公布され、近代商業学校制度が出発することになった（商業学校を第一種2年、第二種3年に分かつ）。この商業学校通則によって、各地に商業学校が設置されていった。しかし、社会では商業教育に対する理解は、近代的経済制度の導入の影響が地方に波及していないため理解が不十分で入学志願者は少なかったといわれている。だが、わが国の経済社会の発展とともに商業教育の重要性は認識され、大正10（1921）年には、「新商業学校規定」が公布されたこともあり、商業教育の隆盛の時代を迎えることになった。

しかし、昭和の時代に入ると、産業経済界の発展に伴う要請を受け、商業教育における徳育の尊重、商業科目の実際化、及び地方化などが強調されるようになった。そして、昭和12（1937）年の日中事変を契機として商業界は次第に軍事産業が中心となり、統制経済へ移行するに伴い、商業教育の中に培われていた企業間の自由競争の原理と合理化への経営努力といった企業独自の活動が認められない傾向となり、商業教育への厳しい規制が加えられるようになった。

以後、昭和20（1945）年の終戦を迎えるまでの道のりは惨憺たるもので商業教育の存亡が危ぶまれる時代であった。

やがて、昭和20年の終戦とともに、昭和22（1947）年に新教育制度が施行され、新制度における教育基本法や学校教育法が公布されるにおよんで、商業教育は新しい視点からの商業教育を構築することになった。しかし、商業教育の原点は、近代商業教育の創設にみられた商業教育の精神や内容に依拠するところがあ

り、時代が変遷しても商業教育の重要な部分を占めている。

　昭和22（1947）年に新教育制度が施行されるに伴い新しい商業教育がスタートして、昭和25（1950）年に第1回高等学校学習指導要領が公布され、商業教育における「商業の目標」が示されている。この第1回の公布から60年あまりの年月が経過し、現行学習指導要領改訂は8回（S.25、S.31、S.35、S.45、S.53、H.1、H.11、H.21）行われており、時代の変遷とともに変化している（第4章に詳述）。

　以上のように、商業教育は20世紀の資本主義経済の成長と発展とともに改善の道を歩み、経済の成長に伴う消費の構造変化に対応し、経済生活の向上と流通経済の発展に寄与することをめざして、商業の原理・原則のもとで知識・技術・態度を習得した有為な人材を輩出してきた。

　しかし、IT革命を契機に商品・サービスの流通がインターネットを主体とした情報テクノロジーの発達と応用により、これまでの商業機能が生産から独立した限りにおける流通を対象にしていたものが、新しい流通産業として自ら商品の企画・製造・販売する業態、つまりSPA・製造小売業（産業分類では卸・小売業）が出現してきた。この業態は基本的には商業の機能を有しつつ、商品の生産プロセスを展開して経済価値を生み出す事業（ビジネス）を合わせ持つものである。したがって商業の機能とビジネスの機能を融合して事業活動を展開しているものであり、「商業ビジネス」という新しいコンセプトが必要とされる。それゆえ、SPA・製造小売業については、これまでの商業のコンセプトでは対応できなくなってきている。

　これからの商業教育は、この新しい流通産業の活動を焦点にしたなかで、新しい「商業ビジネス」のもとで教育の現代化をして

いくことが求められている。

(3) 国際感覚と独立自尊の商業人を育成する

　一般に、教育とは人間一人ひとりに与えられている無限の可能性を伸ばしてやることであることは、時代が変わっても不変である。この教育の根本ロジックは商業教育においても不変である。

　プラトン（Platon、BC427－347）は教育について、「各個人が人びとに、あるいは社会全体に利益になるような方法で、自分が将来適当とした仕事をなす場合、社会は確乎たる組織を有するものであって、教育の職分はこの適性を見い出し、徐々にこれを養育して社会の用途に充てることにある」(注4)と述べているように、教育は、人間一人ひとりに与えられている適性や可能性を個性を尊重するなかで調和的に伸ばし、人間性を成長させ、何らかの社会的用途に貢献できる人間を育成することを職分とすることを説いている。

　然るに、いかに時代が変遷しようと、教育の職分は、人間一人ひとりの能力・適性を伸長し、社会に対応した「生きる力」を有する人間形成を行い、それをいかに社会的用途に充てるかという使命をもっている。

　換言すれば、今日の社会はグローバルが進んだ国際化の時代を迎え、知識・技術と技術革新が絶え間なく生まれる状態にあり、さらに経済成長による所得水準の上昇は、教育の機会均等のもとで、高学歴は優位な社会的ステータスを保障する風潮によって大学等の高等教育機関への進学率（H.26年76.9％）の上昇が続い

（注4）ジョン・デュウイ（Johon Dewey、1859－1952）、"Democracy and Education"、1916年、帆足理一郎訳『民主主義と教育』、春秋社、1955年、98頁

ている。その結果、今日の社会は「知識基盤社会」(Knowledge-based society)の到来といわれ、より高い社会的ステータスを得るためには、より高い専門的な知識・技術の習得が必要とされ、ますます高学歴を目指して行動するようになっている。こうした状態のもとにおける人間形成の営みを担う教育は、そのあり方においてますます重要になっている。

第1には、理科教育及び産業教育審議会は、「今後の専門高校における教育のあり方等について」(答申)を平成10(1998)年に行っている。特に、今日の専門高校(職業学科)の改革に向けて二つの点が指摘されている。一つは、今日、産業構造・就業構造の変化、科学技術の高度化、情報化、国際化、少子高齢化等が振興している社会や経済の変化が、今後さらに急速に進んでいくとみられる。

したがって、今後の社会においては、職業生活において必要とされる専門能力の高度化が求められるようになり、これらに対応して専門高校では生涯学習の視点を踏まえたなかで高度の専門的な知識や技術・技能を有するスペシャリストになるに必要な基礎を培うと位置づけ、その役割を担う教育を行うことが期待されている。

第2には、生徒一人ひとりの多様な個性を生かし、商業教育の適時性を有効に活用しながら、「ゆとり」のある中で自ら学び、自ら考え、自ら判断する等の「生きる力」を育成するための教育を展開していくという学校教育全体のなかで商業教育を位置づける必要がある。また、商業・専門高校において、「生きる力」を育むに際しても、勤労観・職業観の涵養が必要であり、「働くことは生きることである」という言葉の意味を理解させることなども大切である。

第3には、国際化、グローバル化、科学技術の進展、IT（情報技術）化、産業技術の高度化などに伴い、商業活動がこれまで以上に拡大し、従来の産業分類を超えた複合的産業（製造小売業）が展開するなど活動内容が変化することが予測されることから、商業教育の対象をビジネス、商品の生産・流通・消費に関わる経済的諸活動としてとらえることである。いわゆる商業教育をビジネス活動を含めた内容への再構築であり、「商業ビジネス」という新しいコンセプトが必要である。

　したがって、今後の商業教育は、経済の国際化やサービス経済化の進展、IT（情報技術）革命によるオープンネットワーク化、知識基盤社会の到来などの社会環境の変化に対応し、情報テクノロジーの発達と応用による産業活動のなかで、商業の原理・原則にもとづく創意工夫、商売の才覚、知恵をはたらかせて流通に関わる機能を発揮して商業の現代化を図り、豊かな人間生活と社会の発展に貢献していく人材の育成が重要になっている。

4. 商業教育の21世紀への挑戦

(1) 時代に合った商業教育の現代化を実現する

　初等中等教育段階での商業教育は基本的には商業を教える教育であり、根底に「商業人」の育成を目指している。近年における社会や経済の急激な変化による「商業」の概念の変化や、知識や技術の高度化に伴う「知識基盤社会」（knowledge-base society）の到来により高学歴を目指した進学率の上昇など「教育」のあり方が大きく変化している。

　また、同時に、国際的グローバル化、情報技術の進化、産業構造の変化、高学歴化、職業・勤労に対する価値観の変化など、社

会の一層の変化が進み、こうした変化に対応した教育が求められている。

こうした状況の中で商業教育が現実に直面する問題として、第1点は、高校卒業者全体の就職率が17.4%（平成26年）の状況のもとで大半が大学等の高等教育機関へ進学し、高校段階での職業教育としての商業教育が果たす役割は何かということである。

昭和35（1960）年当時の当該年度の高校卒業生全体に占める就職率は61.3%（職業関係80%位）であったことから、大半の生徒が学校を卒業して社会に出て行くことが想定されたなかで商業教育の果たす役割がみられた。ところが、今日は高校卒業生全体の就職率が17.4%（平成26年）の状態となり、大学等高等教育機関への進学率が76.9%に上昇し、大半の高校卒業生は進学している実態がある。したがって高校段階での教育は進学のための知識を中心とした偏差値偏重の教育に転換しつつある。したがって、学校教育法第21条に掲げている学校修了するまでに習得し、社会に出る準備とされた教育内容は今日では空文化しているといってよい。それゆえ、商業教育を受けた大半の生徒は何らかの大学等高等教育機関に進学し、高校を卒業してすぐ社会に出る者は少なく、職業教育としての商業教育の趣旨に沿った教育としての地位は薄らいでいる。それゆえ、職業教育としての商業教育が貢献できることといえば生涯教育の観点から、人間のライフステージ別、発達段階別の学習として、商業教育の連続性、適時性、選択性などと位置づけ、やがて大学等の高等教育機関と接続するなかで生かされることを期待するのみである。

第2の点は、商業教育のフォーカス（focus）を明確にした体系的な知識・技術等を組織的に確立することである。現在の学習指導要領では商業教育の目標と商業に関する専門科目として20科

目がマーケティング分野（7）、ビジネス経済分野（3）、会計分野（5）、ビジネス情報分野（5）の4分野に提示されているが、各領域における科目群のコアコンピタンスを明確にする必要がある。

今日の社会では、グローバル化、情報化、著しい技術革新、産業構造の高度化などによって複雑・多様化した資本主義社会では、それぞれの学問体系がそれぞれの領域で役割を果たして成り立っているように、商業教育にあっても、産業社会全体の活動を対象とした、例えば「ビジネス」の活動を網羅した観点ではなく、商業（流通）の領域における知識・技術を体系的に構築する必要がある。

いわゆる重要なことは、今日の資本主義経済における生産と消費が産業資本を基軸として行われるために前提となっていることは、生産された商品が消費されるためには、それが有効に需要され、購買される必要がある。つまり、社会的分業における社会的生産力は必ずそれに対応する市場を必要とし、この市場を中心とした有効需要あるいは購買力となる所得は、生産活動において生み出される付加価値から分配される賃金と利潤からなる分配所得である。換言すれば、資本主義のもとにおいては、生産も消費も、ともに産業資本の運動に媒介されて、生産サイドからは商品生産とともに付加価値が生み出され、付加価値の分配としての賃金・給与は消費となって、有効需要を構成するものである。それゆえ、商品の生産を行う産業資本を基軸として構築されている個々の生産主体を市場を通じて結びつける役割が必要とされる。それが流通であり、無数の結びつきによって生産と消費を可能にしているのである。このように、資本主義経済の構造を基本的に構築している商品の生産＝流通システムを商業の基本的な領域とみること

ができるのである。このようにして、資本主義経済の構造は商品の生産＝流通システムによって構築されているものであるが、商業（流通）とは、産業資本による商品生産において、原則として、メーカー自ら行う原材料の購入や製品・部品等の販売は流通には違いないが、そうした取引は商業の範疇から除外し、商品生産それ自体から相対的に独立した流通、すなわち商品生産それ自体を媒介する営みを商業と規定するものである。しかし、最近は情報技術（IT）の発達によってSPA（製造小売業）の出現や大手小売業によるPB商品の開発のために生産段階に介入するなど、メーカーの「生産起点」による商品流通とは境界が不明確になっている部分もある。これは成熟消費時代を迎えた現代市場の特徴であり、商品流通は「消費起点」から流通起点に移るなかで、小売業の事業戦略が消費者の潜在的ニーズを顕在化して商品化を図り、生産と消費を誘導して需要創造を行っているからである。それゆえ、これからの商業機能はますます複雑・多様な形態に発展していくことが想定され、商業に関する教育の充実と改革が必要とされる。

（2）現代的商業ビジネスの知識・技術体系を確立する

今日の生産・流通・消費の経済循環に関わる、農業、工業、水産業などにおいて、それぞれがコアコンピタンスを有して活動している。商業・ビジネスを主体とする商業教育においてもコアコンピタンスの一層の充実による複雑化、高度化しつつある産業経済への対応が求められている。

商業教育は、20世紀の産業主義にもとづく経済・産業の発展と軌を一にして発展してきているが、経済・産業のハードパスからソフトパスへと推移し、産業化の成果を継承しつつ、新たな展

開をしている。しかし、商業教育が対象としている商業・ビジネスの機能は、基本的には資本主義経済の構造を構築している商品の生産・流通・消費における流通機構・機能を担う不可欠の存在である。したがって、生産者から消費者に至るまでの商品の流れに関わる流通は、国民経済における経済主体として重要な役割を果たしているものであり、特定の経済領域を対象として捉えることが可能である。つまり、商業教育が得意とする業務活動または専門分野は、今日のIT化の加速的進展によって、e-コマースやe-ビジネスなどにより、商品の生産・流通・消費の関係が根底から揺るがされても、経済生活が成り立つためには商品・生産物の供給と需要の結合は不可欠である。

現行高等学校学習指導要領改訂・同解説・商業編では、「商業教育が対象とする商品の生産・流通・消費にかかわる様々な経済的活動が豊かな経済社会の形成と発展をもたらしている」と記述されているけれども、その経済的諸活動を営んでいる経済主体はどのようなものを指しているかが明確にされていない。

商業教育が対象としてとらえているのは、原則として、商品の生産・流通・消費における流通という経済主体の活動であり、具体的には卸売業・小売業の活動である。流通の経済主体としての商業（卸売・小売業）の商業統計では、国内総生産（GDP）に占める商業の生産額は69兆円（14.5％）である。また、卸売業、小売業の事業所数、従業者数、年間販売額は〔表5−3〕の通りであり、事業所数と従業者数は若干減少しているが、年間販売額においては微増している。

このように、流通における経済主体をなす卸売・小売業は、IT化、グローバル化などによって業種・業態の変化を遂げながら経済循環において不可欠の存在として、国民生活の向上に重要な役

〔表5-3〕事業所数、従業者数及び年間商品販売額

		平成26年（7月1日）	
		実　数	構成比(%)
事業所数	合　　計	1,046,031	100.0
	卸　売　業	265,312	25.4
	小　売　業	780,719	74.6
従業者数	合　計（人）	8,672,803	100.0
	卸　売　業	2,804,386	32.3
	小　売　業	5,868,417	67.7
年間商品販売額	合　計（百万）	492,804,280	100.0
	卸　売　業	364,909,392	74.0
	小　売　業	127,894,888	26.0

（注1）表頭中の（　）内は、調査の実施日である。
（注2）年間商品販売額は、調査年の前年の暦年を把握。
出所：経済産業省

割を果たし、貢献している。

　それゆえ、商業教育のコアコンピタンスは、流通における経済主体である卸売業・小売業の活動を軸とした領域を対象とするものであり、商品の流通に関わる、売買・商取引、ロジスティクス(物流)、マーケティング、財務会計、情報処理（ビジネス）などの知識・技術・技能から構成されるものである。したがって、現行学習指導要領改訂に記述されている「商品の生産・流通・消費に関わる経済活動を行う」という経済主体は卸売・小売業を意味し、この卸売・小売業によって展開される経済活動においては、伝統的商業の原理・原則と、新しく台頭している生産と消費を融合化している流通企業の製造小売業にみられる事業（ビジネス)活動におけるビジネス活動の原理・原則とが統合され、今日の商

品の流通が行われているという認識が必要である。

(3) 地域商業の振興を担う人材を供給する

　これまでの商品の生産・流通・消費の関係を根底から揺るがしているのは、インターネットを主体とした情報テクノロジーの発達と応用である。いわゆる戦後1945年からのわが国経済の復興・再建の過程における商品の生産・流通・消費の関係は、モノ不足時代であった「作れば売れる」とされた「生産のための消費」のもとでメーカーが流通及び消費を支配するものであった。しかし、今日では、経済の発展・成熟のもとでモノ余りの時代を迎え、均一な供給から多様な選択にもとづく消費が展開され、「消費のための生産」へと転換している。つまり、情報テクノロジーの発達と応用は、e-コマースやe-ビジネスとともに、流通業態として製造小売業や製造販売会社（デルコンピューター）などが出現し、流通企業でありながら自ら製品の企画開発、原料・部品調達、製造、ロジスティクス、販売を一貫して行う流通企業が出現している。これらの流通企業は、これまでの商品の生産・流通・消費の枠組みを取りこわし、「流通起点」を構築して流通そのものが付加価値を持つことをめざしている。つまり、商品の生産・流通・消費において、流通がタクトを振り、生産と消費を創造し、誘導していく時代に変化しつつある。

　こうした流通そのものの役割が可能になった背景には、消費サイドの購買行動がモノ余りの中で、本当に必要であり、好みに合致した商品であれば、適時、適量、適正価格で求め、さらにモノに付随する価値やサービスなどソフト面を重視している傾向がみられるからである。

　したがって、現行学習指導要領改訂における商業の目標・同解

説に示されている「商品の生産・流通・消費に関わる経済的諸活動」と示されている取り扱いにおいては、流通の変化について十分な配慮が必要である。

また、商業教育における商業・ビジネスが果たす役割は流通産業を主体とし、商品の生産・流通・消費の関係における生産者から消費者に至る商品・サービスの流れにおける売買・商取引、物流、情報、販売に関わる経済活動を基本とするものであるが、これらの活動を通じて地域商業への貢献する役割も担っている。

現行学習指導要領改訂・同解説・商業編において、地域産業をはじめ、経済社会の健全で持続的な発展を図る創造的な能力と実践的態度を育てるとしている。したがって、商業の各分野で習得した知識・技術、倫理観及び責任感などの能力を活用し、地域の資源を活用した商品開発や地域産業の振興方策の考案と提案、情報通信技術を活用した地域産業の展開に寄与する人材の育成が求められている。

いま、わが国は、人口減少、少子高齢化社会への移行に伴って、地方の市町村の多くが消滅の危機に見舞われていることから、地方の自治体は、いかに地域の産業振興を図り、地域の活性化を図るかが急務となっている。

1995（平成7）年「地方分権推進法」が制定されているけれども、2006（平成18）年に改正「まちづくり3法」（都市計画法・大店立地法・中心市街地活性化法）が制定されている。この「まちづくり3法」のなかで、「中心市街地活性化法」は地域商業と深くかかわっているものであり、今日の地域における空洞化、劣化が進み、消滅のおそれのある市町村の中心市街地に対して、市町村の関係者が協議をして「基本計画」をつくり、国の認定により振興を図るものである。

これまで地方の自治体は、商業施設の誘致や地域商店街の活性化などに努めてきたが、このたび「まちづくり3法」の改定により地域商業の振興が期待されているのである。

　こうした状況のなかで、この「中心市街地活性化法」に関連して注目されているのが、流通産業である「ショッピングセンター(SC)」である。このSCは、地域の一つの単位として、計画、開発、所有、管理運営される商業・サービス施設の集合体である。このSCが最近、流通ビジネス革命の旗手ともいわれて「まちづくり3法」の改正とともに増加しつつある。その背景には、地域の小売商店数が減少しているように、零細小売店はよほどの独自の魅力と集客力がない限り、単独（立地）型の店舗としての成立は難しくなっている。そのため、SCに出店する小売店が増加しているのであり、地域商業における零細小売店の救済にもつながっている。つまり、SCは業種・業態が計画的・効果的にミキシング（mixing）されていることから、零細小売店がSCへの入居を可能にしているのである。

　こうした地域商業の変容を含めて、地方の各自治体は「まちづくり3法」を活用して、地域商業の活性化と地域振興を図ることを政策として掲げている。したがって、SCの展開に伴う労働力の需要や地域振興策の推進に際しても、それらを考案と提案し、推進していく人材が必要とされている。こうした人材供給を行うことに関して、専門高校としての商業教育が輩出する人材は、高度のスペシャリストに成長していないかもしれないが、商業・ビジネスに長けた資質や能力を持っていることから、地域の産業振興・地域商業の活性化に貢献することができる。こうした人材供給の側面も商業教育の重要な役割である。

第6章　キャリア教育と商業教育の課題

1．時代の変革とキャリア教育

(1) 学校教育にみるキャリア教育

いつの時代においても、人間の経済生活が成り立つためには財貨・サービスの生産が不可欠であり、そのためには物的資本・技術とともに人的資本である労働者の人材育成がなされて円滑な供給が必要である。しかし、文明の歴史を見るまでもなく、物的資本・技術については発明や技術革新の蓄積によって確固たる基礎に依存することができるが、人的資本である労働力は精神的には何の基礎を持たない文明であって、社会や経済の変化に伴って動揺し、労働力として「働くこと」の意義や職業との関わり方や生き方が人材育成において、重要な課題となっている。

学校教育及び企業その他においてキャリア教育が重視されるのは、資本主義社会における人材育成と供給が円滑に行われるためにも、社会的・職業的自立に向けて必要な基盤となる能力や態度を育てることによって有為な人材育成がなされ、円滑な人材供給が行われる必要があるからである。

キャリア教育とは、「一人ひとりの社会的・職業的自立に向け、必要な基盤となる能力や態度を育てることを通して、キャリア発達を促す教育である」(中央教育審議会、「今後の学校におけるキャリア教育・職業教育の在り方について」答申、2011年) としている。それゆえ、キャリア発達を促す教育体系の場としては、人間の各ライフステージ別、発達段階別に、家庭、学校、地域、職場などがあり、それぞれキャリア形成が行われる。例えば、スポーツ界で有名な選手 (プロも含めて) になる職業的自立に向けて、

必要な基盤となる能力や態度は幼少期を含めスポーツプログラムのもとで厳しい練習を行い、いろんな大会で実績を上げることによってキャリア形成が行われ、最終的には有名選手となって職業的自立を果たすことができるなどである。その他、医師、弁護士、スーパーエンジニアなどの職業的自立をめざす場合、その基盤となる能力を育てる場は主に高校・大学その他教育機関で培われる場合が多い。また、生涯において、多種多様な職業・仕事に就く目標を掲げた場合、その基盤となる能力や態度を育むのは教育機関がキャリア形成の場となっている場合が多く、学校から社会・職業への移行を経て職業人となった場合には職業・仕事を通じてキャリア形成が行われることになる。

　それゆえ、学校教育におけるキャリア教育は、一人ひとりが掲げる目標に沿って、主に教育が培うキャリアを積み重ねていくことが、将来の職業的自立に向けた能力や態度を育むことにつながり、掲げた目標に到達することができることになる。

　したがって、後期中等教育段階の商業教育におけるキャリア教育は、商業教育を履修する課程において、教育におけるキャリア形成に関わる教育内容に配慮する必要がある。

　高校・専門学科としての商業教育におけるキャリア形成は、原則として学校教育の場を通じて行われるものであり、高度の普通教育とともに商業に関する基礎的・基本的な知識・技術の習得と専門分野の知識・技術の応用・実践的学習を通じて、自己教育力の育成、教育の適時性に配慮した特色ある教育である。

　それゆえ、商業教育におけるキャリア形成の特色は、専門的な知識・技術の習得とともに、将来、職業的自立に向けての能力や態度の育成は、「商業」の果たす機能や役割の原則のなかに捉える必要がある。つまり、生産と消費を結ぶ流通の担い手・経済主

体として、商品・生産物の社会的移動に伴う交換・売買という経済現象における活動であって、それは単に商品・生産物を右から左へ移動することではなく、消費需要を先取りし、それを充足させるものがどこにあるかの情報をキャッチし、売りたい人と買いたい人を結ぶ商機をつかんで売買を行い、利益を獲得するものであって、人間の資質といわれる才覚、先見性、実行力などが重要となっている。作家・司馬遼太郎が「商業は人間の意識を変える不思議な機能がある」と言っているように、商業を学ぶ人、あるいは商業に携わる商業人（職業人）などは独特のキャリア形成がなされるものとみることができる。こうした観点から商業教育におけるキャリア形成の特色を有し、高校教育というライフステージにおける教育の適時性からみて大変有効であるといえる。また、商業の専門高校におけるキャリア形成として、簿記や販売士その他資格・検定の取得をめざした教育は、将来、職業的自立及び自己実現に向けて大きな役割を果たすことができると考えられる。

(2) 商業・ビジネスと自己実現

今日の国際化、情報化、高齢化などによる社会の変化とともに、科学技術の進展に伴う先端技術の発達による著しい技術革新による経済のソフト化、サービス化が進み、産業構造及び就業構造は大きく変化している。一方、産業社会への人材供給を担っている教育サイドにおいては、経済発展に伴う所得の増大による豊かさは教育的欲求が拡大し、大学等高等教育機関への進学率の上昇（76.9％、平成26年）に伴い新規高卒就職希望者は減少（17.4％、平成26年）し、新規大卒就職希望者は増加している。

このように、経済・産業サイドでは、科学技術の進展と物的資本・技術や企業経営の高度化とともに、高度な専門的知識や技

〔表6-1〕専門的技術的職業従事者　　　（単位:万人）

	1970年	%	2010年	%
専門的技術的職業従事者	347	6.6	863	14.5
事務従事者	732	14.0	1,098	18.4

出所:「労働経済白書」(平成25年版)

術・技能を持った人材の需要が拡大している。

　〔表6-1〕に示すように、専門的技術的職業従事者は、1970年から2010年には2.5倍に増加している。この背景には新規大卒就職希望者が専門的技術的職業従事者としてエンプロイアビリティの高い人材が増加していること意味している。

　一方、新規高卒就職希望者は減少している。その背景には、中学の進路選択段階から偏差値重視の進路選択が行われ、普通高校・普通科から大学等へ進学するコースを選択する生徒が増加していることと、職業学科の専門高校へ進路選択する生徒は偏差値でランク付けされ、人間の資質である適性（職業適性）や能力などに配慮されることなく専門高校へ入学してくる生徒が多くみられることである。

　したがって、新規高卒就職希望者が少ない上に、専門高校の職業教育においても質的な低下の傾向がみられ、エンプロイアビリティーの低い人材を就職者として送り出している実態がある。

　しかし、商業の専門学科のキャリア形成にとって大切なことは、単に大学等の高い学歴による高度の専門的知識や技術を有していることではなく、中学卒であっても、商才があり、機知に富み、先見性、創造性、実行力などを有している人は商売（事業）に成

功し、立派な会社を創立し、多大な富を蓄積して社会貢献をして、自己実現をなし、立派な人格者となっている人を多くみることができる。それゆえ、商業・ビジネスにかかわるキャリア教育には事業創造による自己実現がある。

こうした観点から、現在の産業構造や就業構造の変化に対応した商業教育におけるキャリア形成の視点は、学校教育をベースにしたなかで、商業ビジネスが有する特性にもとづいた基礎的・基本的な知識・技術とともに、人間の資質を重視したなかでキャリア教育を推進していく必要がある。

(3) 職業観・勤労観とキャリア教育

時代の進展に伴って生き方や価値観が変化し、その時代に求められる新たな人材観が生まれてくる。昭和60年に設置された臨時教育審議会による「教育改革」に関する答申がある。この教育改革の基本的な考え方として「個性重視の原則」「創造性・考える力・表現力の育成」などが強調されており、キャリア教育との深い関わりをみることができる。その一つは、豊かさとともに教育的欲求が拡大し、自己主張にもとづく大学等高等教育機関への進学希望者が増大し、進学率が上昇したことである。そのため、高学歴社会の到来とともに、一流大学、一流企業などのルートをめざした偏差値の偏重、画一的な詰め込み教育が重視され、自ら考え、自ら判断する能力、創造力などの伸長が妨げられ、個性が生かされない同じような型の人間が作られてきたことへの反省であった。

こうしたとらえ方は、教育面からは正しいけれども、個性の尊重は、一面、個人の自由を重視するあまり、これに対をなす人間として社会に果たすべく義務として、社会生活を営むうえでの道

徳的なことや弁えなければならないルールと働くことの大切さ (職業観・勤労観) などが疎かにされてきている面がある。例えば、15歳から34歳の若者の中でフリーターといわれる人は約180万人、ニート（無職者）といわれる人は約83万人（内閣府、2012年）といわれている。

　これらのフリーターやニートといわれる人々は、人間の生き方に関わる考え方が個人の尊厳、個性重視の原則におかれ、職業選択や仕事を求める場合も、「本当の自分をみつけてから働く」とか、「自分の趣味等を大切にして自分のペースで気楽に働きたい」といった理由をあげている若者がみられる。これらの人々は、今や社会的問題になっている。こうした若者を含め、教育が人格の完成をめざし、平和で民主的な国家及び社会の形成者となる若者を育成するためにも、高校・大学等の教育において、学問を学んで社会・職業への移行を果たし、生きることは働くことである職業観・勤労観を身につけ、一生懸命に仕事に打ち込むことによって人格の完成がされる人生の道筋としてキャリア教育の大切さがある。

2．新しいキャリア教育の理念

(1) 教育の目的とキャリア教育

　いつの時代でも教育は「人をつくる」ことといわれ、教育基本法においても「教育は、人格の完成を目指し、平和で民主的な国家及び社会の形成者として必要な資質を備えた心身共に健康な国民の育成」と示されている。現実の教育の営みは学校を中心にして行われているものであるが、家庭や地域などが深く関わっている。この教育の目的において「人格の完成」を目指してとある

が、人格（personality）の語源はラテン語のペルソナ（persona）からきているといわれ、ペルソナは劇などに使われる役者が被る仮面に由来するとされている。つまり、人格というのは、最初は偽りの外見（仮面）を意味していたものが、後にはその人自身（役者自身）を指すようになったといわれている。

人間の人生は芝居を演ずる役者のようなものであるともいわれるが、そうした意味からも、人格とは心理学をはじめ、いろんな学問分野に様々な把握の仕方や理解があるようにあいまいな概念である。しかし、一般的に受け入れられる概念としては、人間の知能的活動面の知能の働きと感情や意思が主に活動する性格面を含む個人の全体像を人格といわれている。そして、この人格は誰しも一人ひとりが有するもので、その人の個性をかたちづくっている。「あの人は人格者である」とか「あの人は人格がよくない」という場合、その人の知識・見識・能力などでなく性格、情緒、博愛、誠実やキャリアなどを含めた総体の観点からいっている場合が多い。

教育の目的に示されている「人格」とは何かと言えば、学校教育の営みが将来、成人となり、社会人となった段階で立派な人格者といわれる人間を育成することを意味している。そのため、知識・技術を習得するとともに、情操と道徳心を培うとともに健やかな身体を養うことを目指している。

また、教育の目的において、「国家及び社会の形成者として必要な資質を備え」と示されていることは、人間の資質といわれる個人の才能、能力、適性などを開発し、涵養することを意味している。本来、教育とは、その人の素材そのものをつくるものではなく、一人ひとりに与えられている能力や可能性を開発し、調和的に伸ばして成長させることにある。

ギリシャ哲学者プラトン（Platon）の言葉に「各個人が人々に、あるいは社会全体に利益となるような方法で自分が将来適当とした仕事をなす場合、社会は確乎たる組織を有するものであって、教育の職分はこの適性を見い出し、徐々にこれを養育して社会的用途に充てることにある」とあるように、教育の職分はいかにその人の適性を見い出し、養育して社会適用に充てるかを視点としており、今日の教育あるいはキャリア教育において指針とすることができる。

　また、アメリカの教育学者ジョン・デュウイ（John Dewy）は「人生に人生以外の目的はなく、人生こそ人生の目的であって、それは即ち教育的成長であり、人格的向上である」[注1]と言い、教育は限りなき成長発展の過程であり、人格的向上をめざす創造的進化であるといっている。

　また、教育の目的（学校教育法）において、「個人の価値を尊重して、その能力を伸ばし、創造性を培い、自主及び自立の精神を養うとともに、職業及び生活との関連を重視し、勤労を重んずる態度を養うこと」と示していることは、今日の社会に対処・適応できる資質を涵養し、あわせて時代を担う使命を自覚させ、社会的用途に何らかの形で貢献できる、その人にふさわしい職業を与えるかという点にある。そして、この目的の達成のためには、一人ひとりの個人が自己の人間性における健全な精神のもとで生きる欲求をもち、働くことの意味を理解しなければならない。

　キャリア教育は、こうした教育の原点に立って、今日の変革しつつある社会・経済に対応し、自らの個性に応じて進路を選択し、

（注1）ジョン・デュウイ著、帆足理一郎訳『民主主義と教育』、春秋社、昭和30年、98頁

人生においてどのような職業・仕事をしたいかを志し、自分の才能・能力・可能性を発揮して成果を積み、自己実現を目指すことである。司馬遼太郎は著書『龍馬がゆく』のなかで、「世に生を得るは事を成すにあり」と言い、「人の一生というものは、いったん志を抱けばこの志に向かって事が進捗するような手段をとり、たとえその目的が成就できなくとも、その目的への道中で死ぬべきである」と言っているが、今日の社会においてキャリアを積み、自己実現に至るためにはこのような覚悟が必要であろう。キャリアは人生の最終段階（自己実現）に至る階段を一歩一歩登っていくことであり、健全なる精神と欲求のもとで自分の才能、能力、可能性を開発し、成果を蓄積していく過程である。このプロセスは教育の果たす役割が大きく関与しているのである。

(2) 個性重視とキャリア教育

今日の民主主義の特徴の一つは人間の多様性から来る自発性・創造性であるが、その時代の教育のあり方に負うところが大きい。教育には不易と流行の部分があり、不易とは時代を超えて変わらないものであり、流行とは時代とともに変化していくものであり、しかもこの両面は複雑に分かち難く結びついているものである。すなわち、教育の目的において人格の完成を目指しているように、人づくりという人間形成はいつの時代においても変わらないし、また、歴史上、日本文化の遺産や日本民族の伝統の維持・継承などを不易なものを次世代に受け継がせていかなければならない。同時に、科学技術の進展、技術革新、産業経済の発展と質的変化、価値観、ライフスタイルなどは時代とともに変化していくものであり、鋭敏な感覚で受けとめ、これらに柔軟かつ創造的に対処していかなければならない。

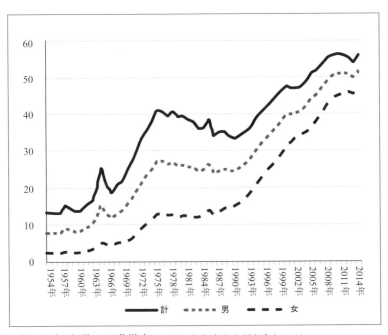

〔図6-1〕大学への進学率　（過年度高卒者などを含む、%）

　このように教育は不易と流行の両面をもちながら、未来に向かって生きる人間の育成が使命である。第1に、時代の正しい認識のなかで、新しい知識、技術・情報が政治・経済・文化をはじめ社会のあらゆる領域での活動の基盤となっている時代思潮の把握である。第2に、変革をとげつつある社会・経済環境のなかで、人間の本質・人間性の本来あるべき姿とともに、未来に生きていくために求められる能力、資質の育成が必要とされるのか。第3に、今日の高学歴化に伴う知識基盤社会に求められる知識・技術、技能及び思考力、判断力、勇気などを身につけるかにある。

　これらの目標は、それぞれの時代背景のもとで、教育の歴史を見るまでもなく、それぞれの時代のニーズにもとづいて実施され

てきている。わが国の大きな教育の転換は1945（昭和20）年の終戦による新たな教育制度の導入である。戦後のわが国の教育の発展は経済の成長・発展による国民所得の増大と軌を一にしている。〔図6－1〕に示すように、わが国の経済は、1960（昭和30）年代から重化学工業の確立と海外からの技術導入による技術革新投資によって著しい成長を遂げ、国民所得の増大と雇用の増大は高校、大学・短大の進学率の上昇をもたらしている。

上記〔図6－1〕に示す大学進学率の上昇が進むなかで、昭和30年代後半からの高度経済成長による経済規模の拡大に伴って労働力の需要が増大し、昭和36（1961）年度には科学技術系学生の増募計画や高校の職業教育の拡充政策などマンパワーポリシー（人的能力政策）が導入されるとともに、受験競争は激しくなっていった。こうした激しい受験競争によって1970年代（昭和40年頃）から登場してきたのが「偏差値」である。偏差値は受験競争において一つのモノ指しとなり、偏差値によってランク付けされた大学・学部への進学に重要な指標となってきた。したがって、特に高校段階の教育においては、偏差値によって生徒達を一つのパターンの中に押し込めようとする画一化、硬直化の教育が推し進められるようになった。偏差値はただの数字でしかないといわれながらも、現実には生徒をランク付けしてしまい、偏差値の低い生徒は「自分は劣っているのだ」と思い、劣等感をもち自信を失ってしまう。

こうした偏差値偏重教育は、激しい受験競争（募集定員に満たない全入の大学等は別として）が続くかぎり、教育の現場では偏差値を偏重した画一的な教育が行われている。また、教師の方も多くの人が偏差値偏重教育を受けて大学等に進み、教職に就いていることから、偏差値を重視した教育なり、キャリアガイダンス

に抵抗感を持つことはない。それゆえ、今日、社会的問題となっている若者のフリーターやニートの増加から、学校教育においてキャリア教育の重要性が叫ばれても効果があがらないのが実態である。

こうした受験競争と相まって偏差値偏重の画一的、詰め込み教育の弊害を是正するため、1985（昭和60）年に中曽根内閣のとき臨時教育審議会が設置され、「教育改革に関する答申」が、1987年に行われている。その答申の柱は「個性重視の原則」である。従来の教育が著しい経済発展により量的拡大が進むとともに学歴偏重、激しい受験競争により生徒は偏差値偏重、知識偏重の詰め込み教育中心で、自ら考え判断する能力や個性にもとづく創造力の伸長が妨げられてきたことから、生徒自らの個性を知り、自由、自律、自己責任の原則のもとで、創造性、考える力、表現力などを重視した教育への改革を目指すものであった。

こうした「個性重視の原則」を柱とした答申にもとづいて、1989（平成元）年に学習指導要領の改訂が行われ、新たな教育改革のもとで教育が行われ、一定の成果を上げることができたと推測される。しかし、現実にキャリア教育の側面からみるとき、学歴社会をめざして大学等への進学者は受験競争が続いている限り、偏差値偏重教育が進められるなかで、自分の個性を大切にしなければならないという認識を持つようになっている。一方、大学等へ進学することなく就職等の道へ進むものにとっては、自分の個性を大切にすることは、自分のやりたいことを中心に考え、自由で拘束されない生き方が望ましいという認識を持つようになっている人が少なくない。この個性重視の考え方の教育を受け、やがて社会でのキャリア形成の段階になったとき、これまでのわが国に培われてきた伝統的企業慣習や商慣習などに相容れないも

のを感じて、退職や転職し、フリーターなどになっている若者が少なくない。〔表2-2〕(89頁)に示すように個性重視の教育を受けた年代からフリーター、ニートと言われる若者が増加しているが、自己責任の原則が問われている。

また、個性重視の原則は、個性の尊重、自由・自律、自己責任の原則が謳われているが、特に「自己責任の原則」がフリーター(派遣社員など)、ニートと言われる若者の意識の中に深く根づいていることに驚かされる。先般、NHKの報道番組で、派遣社員で解雇された若者が、このような状態は「自分が悪いから」「誰にも相談できない」といった、すべて自己責任であるといった発言を聞いて驚いたことである。とかく、これまでの若者は、自分がこのような悲惨な状況になったのは社会や人のせいにして、責任を転嫁する人が多く見られたことである。自己責任をとるという考え方も個性重視の教育を受けた年代であると思うが、自分を追いつめていく生き方に危惧を感じるものである。

(3) 偏差値の偏重とキャリア教育

今日の学校教育の実態は大学教育を頂点として、高校、中学、小学校とその裾野は広く、それぞれの教育段階で人びとは教育を受け、進路を選択し、なんらかの職業・仕事に就き、人生の階段を登っていくのが一般的である。この階段を登っていく際に、人々は基本的人権をはじめ平等であるが、個人個人には才能、能力、適性などに差があるとともに欲望や欲求においても異なっている。また、社会機構においても、すべての人びとが自分の欲求を完全に満たすことは難しいのが現実である。これだけ文明が発展し、社会組織が複雑になり、欲求や価値観が多様化している社会では、例えば、パンが10個しかないのに欲しい人が15人いると

すれば、何らかのルールや配分の基準等をもうけなければならない。こうした現象は雇用、教育はじめ社会のいろんな領域にみられるものであり、人間の欲求（需要）と物事の事実（供給）との間に摩擦や齟齬が生じることになる。それらを調整あるいは選別するために何らかの基準なり物差しが必要となってくる。大学入試が最たるもので、有名一流校といわれる大学の募集定員に対してそれを上回る希望者があり、激しい競争が繰り広げられている。この場合に選抜の物差しとなっているのが「偏差値」である。偏差値は、自分の得点が集団の平均からどの程度ずれているかを示す数値であって、それ以外の何ものでもない。例えば模擬テストで国語の得点が70点であったとする。受験者の母集団の平均が60点だとすると、偏差値は60となる。

$$\boxed{\frac{10(a-m)}{\sigma}+50} \quad \begin{array}{l} a \text{-----得点} \\ m \text{-----あるテストの平均} \\ \sigma \text{-----標準偏差} \end{array}$$

$$\frac{10(70-60)}{10}+50=60=偏差値$$

この偏差値は同じ試験を受けた集団での標準的位置を示しているだけである。ところが、受験対策のツールでしかないものが、偏差値の高い人は人間的にもすべてにおいて優秀であるかのような思い込みが一般的となっている。したがって、多くの人びとは、中学、高校のときから偏差値で序列化され、偏差値の低い人は劣等感を持って「自分はこれ位の人間である」と思い込み、自分の人間性まで否定し、自分に潜在している他の才能、能力、可能性まで自信をなくしてしまう。つまり、偏差値だけで人間をみているもので、もっと大切な個性による才覚、勇気、実行力、情緒、誠実などの素質を軽んじられていることである。むしろ、これら

の素質が人生において、社会生活や職業生活において重要な役割を果たすものであり、キャリア教育の重要な側面を持っている。

だが、たとえ偏差値が単なる数字による序列化であって教育ではないといわれても、今日の知識基盤社会といわれ、高卒の76.9％（平成26年）の人が大学・短大・専門学校等の教育機関に進学している実態では、偏差値による選別は欠くことのできないものといってよい。

本来、教師の役割は生徒の人格形成を助けるものであって、偏差値などによって生徒を判定するものではなく、いかに潜在的な才能、能力、可能性を引き出すかについて、いろんな動機づけをすることにある。しかし、多くの教師は、自分が偏差値偏重教育を受け、難関の大学等を出て教師になっている人が多いことから、そうした自分の経験から偏差値偏重教育のやり方に疑いを持たない人が多い。また、生徒の方も大部分が大学・短大や専門学校等へ進学することから、将来の職業観、勤労観の涵養が大切であるといっても、当面に目標としている受験のために偏差値を重視し、全精力を傾注していることから、また、いかに目標を達成するかが最大の関心事であることからも、キャリア教育には関心が小さい。

それゆえ、教師と生徒は利害が一致している面があり、学習指導要領に示されている教育内容やキャリア教育の推進及び人間の成長や自己実現にとって大切な精神的な糧となる徳性、創造性、自律性、自尊心、正当性などの涵養よりも、学校現場では大学入試センター試験で何点取った生徒が何人いるとか、有名一流大学に何人合格したとかの成果が指導の大きな関心事である。それゆえ、教師はキャリア教育の重要性について言葉では理解していても行動に移せないのが現実といってよい。

このような事態をどのようにして改善していくかは、時代の変化に対応した教師の意識改革が必要とされる。時代の流転の中で、人間の生き方が大きく変わり、社会生活や職業生活に求められる資質・能力が大きく変化しているなかで、現行学習指導要領に、「自ら学び、自ら考え」と示されているように、「自分で考える力」、「創造する力」、「表現する力」などが社会や産業界に求められている。それゆえ、偏差値は中学・高校段階では効用をもつかも知れないが、長い人生においては一時的なものであり、大切なのは、「自分の人生をどうしたい」「自分のやりたいことはこれだけ」という願望を引き出す動機を与え、支援してやることである。現在のような偏差値を高める訓練と答えのある問題の解答技術に優れた生徒ではなく、答えのない応用問題に挑戦し、試行錯誤して答えを見いだしていく能力を持った生徒の育成が必要とされているといってよい。さらに、キャリア教育の視点は、知識基盤社会の到来といわれる高学歴化が進み、社会に出る時期が遅くなっていることから、中学・高校段階から大学・短大、専門学校の教育段階に重要性が移っていることである。つまり、今日の社会的問題となっているフリーター、ニートといわれる若者の増加に対する対応策はそうした視点で総合的に取り組む必要がある。

(4) 受験競争とキャリア形成

　地方の進学高校を卒業し、1年間浪人して有名一流大学に入学した学生に、大学2年生の夏休みに「現在の学生生活を含めて、一番充実していた時はいつでしたか」と問うたことがある。返答は「浪人して予備校に学んでいたときです」という回答であった。一般に、世間では浪人している人は灰色の生活ともいわれ、苦しい不安の毎日の連続と思われているが、多くの浪人生は一日一日

の時間が大切で、どのように有効かつ充実した日々の過ごし方を考えているという。

　こうした事実は何を意味しているのであろうか。人間には身体的生命と、精神的・心理的機能があり、意識や行動は精神的・心理的機能の働きに負うところが大きく、人々の行動を律し、意味づけているものと思われる。それゆえ、浪人生は苦しい不安のなかでも自分の目指す大学入試に合格する目標に向かって精神的・心理的な集中力のもとで勉学に励んでいるのである。これを可能にしているのは精神力（ファイティングスピリット）と自己管理（セルフコントロール）である。スポーツの世界では、試合に臨むときファイトや集中力が必要だといわれるように、大学入試を受験するに際して、ファイティングスピリットを持続し、自分の欲求や健康について自己管理していくことは容易なことではない。受験勉強に励む生徒は、スポーツ選手より長期間にわたって苦しい不安の生活の中でファイティングスピリットを持続し、自己管理を行っているのである。

　アメリカの心理学者アブラハム・マスロー（Abraham Maslow、1908－1970）は、「われわれはまた、困難を克服し、自己を極度に張りつめ、挑戦と苦難を乗り切り、時には失敗を重ねさえして、自己の力とその限界を知り、それを伸ばそうとする。大なる闘いのうちには大いなる喜びがあるもので、これがおそれにとって代わり得るのである」[注2]と述べている。受験競争はそれに参加する人びとにとっては、苦痛と不安の日々ではあるが、希望する大学の入試に合格したときには大きな喜びがある。

　キャリア教育を考えるとき、激しい受験競争の中に身を委ね、

（注2）アブラハム・マスロー著『完全なる人間』、誠信書房、2009年、254頁

持続したファイティングスピリットと自己管理を行う経験をした人は、これからの長い人生において、社会生活や職業生活を送るに際して大いに役立ち、自己実現を遂げることができる可能性を持っているといってよい。人間の生き方において、すべての若者に対して厳しい受験戦争を経験させることは不可能であるが、受験生が経験するような持続したファイティングスピリットとセルフコントロールを必要とする物事に挑戦する機会を与えることが必要である。職業生活や社会生活においても同じ事がいえる。

　また、激しい受験競争は生徒を非行や校内暴力、不登校や退学などの弊害を生む要因ともなっているといわれる。ならば、受験競争がなくなったら、どのような事態が生じるであろうか。よく聞く話であるが、ある私立大学では毎年、募集定員割れになっていることから学生募集に際して受験の多様化を図り、一般入試とともに推薦入試、AO入試、一芸入試などを導入して、学生の確保を図るようにした。その結果、どのような現象が起こったかというと、入試科目の基礎・基本を学ぶことを必要とする受験競争を経験しないで入学してくる学生が多くなった。もともと安易に入学できる大学であったところへ本格的な受験勉強をしたことのない、また、進学校といわれない高校から入学してくる学生が多くなった。こうした状況になると、一部に一般入試でかけもち受験で第一希望大学に入学できなかった学生もいるが、大部分の学生は本格的な受験勉強をしたことがないから、基礎・基本的知識が十分でなく、レポートも満足に書くことができなく、学ぶ意欲も低く、また、劣等感も持っていることから、アルバイトや遊びなどに熱中した学生生活を送ることになる。そうした学生を対象にした授業は惨憺たるものであり、教える教員の方も一苦労である。そんな低レベルの学生を入学させなければよいではないか、

という声も聞かれるが、私立大学では財政の逼迫が最大関心事であり、どんな学生でも一人でも多く確保しなければならない宿命にある。こうした状況にある私立大学は全国にかなりあるといわれているが、大学教育の劣等化の縮図であり、就職浪人を生み出している一因でもある。いま一つの問題は、学ぶ意欲の低い、本格的受験勉強をしたことのない生徒（低レベル高校）が入学してくるようになると、「悪貨は良貨を駆逐する」のたとえがあるように、進学校といわれる高校からの生徒が受験しなくなり、優秀な学生が入学してこなくなり、大学のレベルがますます低下していくことである。

受験勉強というと、一般に知的能力の育成のみと考えがちであるが、そのような見方は妥当ではなく、苦しく厳しい受験勉強は、人間が生きていくに際して、最も大切なファイティングスピリットとセルフコントロールを涵養するもので、それらを身につけることは、いかなる困難にも耐え、目標を達成するのに大いに役立つものである。つまり、人間は長い人生において、いつ、どこでも競争と評価を避けることができないものであって、この競争と評価こそ人間の資質、可能性を開発して成功へと導くものである。今日の就職浪人の多くは雇用条件の厳しさとともに、就職を希望する学生にも一因があるといってよい。

キャリア教育においては厳しい受験競争に培われる自己鍛錬こそ重要なものであり、そのプロセスにおいて将来を見越した職業観・勤労観を育成することが大切であるといえる。つまり、知的偏差値の大きい人だけが有利であるのではなく、人間の多様性から来る人間的偏差値に優れていれば、歴史上に顕著な事業を成した人を見るまでもなく、知的分野だけでなく、才覚、先見性、実行力などに優れている人は社会や人間生活に貢献する事業を創造

し、社会や人びとの生活を豊かにしてくれる事を期待できるのであるという視点からキャリア教育を推進する必要がある。

(5) 新しいキャリア教育の理念

　改訂教育基本法等を踏まえた現行学習指導要領が目指す「生きる力」をはぐくむ事を理念とする考え方は、社会において児童・生徒が必要とする力をまず明確にし、そこから教育のあり方を改善しようとするものである。この考え方は、「教育は常に社会に対応し、社会の変化とともに自らも変革するものでなければならない」といってよい。教育基本法に示されている教育の目的として「人格の完成をめざし、国家及び社会の形成者として必要な資質を備え……」と示されていることは、時代の変遷に伴う社会の変化に対応して必要とされる生きる力は変化するもので、教育の役割も改善されなければならない。特に社会の変化のとらえ方の中で、人間の生き方に大きく関わる経済・産業の構造的変化や科学技術の発達や技術革新の進展に伴う働き方の変化である。したがって、「生きる力」に求められる資質・能力も変化し、これまでの教育においては、偏差値偏重の答えがあるものをteachするということから、答えがないことをいかにlearnするかという教育に転換することであり、それは、エンパワーメント(empowerment)[注3]の概念である。それゆえ、重要となってくるのが、思考力、判断力、表現力やその他の能力をはぐくみ、主体的に学習に取り組む態度を養うかにかかっている。

　このような教育の理念の転換のなかで、キャリア教育の視点も軌を一にするものである。それは、小・中・高校において生涯に

（注3）よりよい社会を築くための責任を持った変革の主体となる力をつけること。

わたる学習する基盤が培われるよう基礎的な知識・技術を習得させるとともに、これらを活用して答えのない課題を解決するために必要な資質や能力などを養うとしているように、キャリア教育においても、人間が生きることの意味は働くことであるということを、小・中・高の各教育段階において、体験的な学習を行う必要がある。

さらに、今、ボーダレスワールドの時代といわれ、国際的な通用性のもとで自由な競争ができるようになってきているとともに、児童・生徒自身が物事を考え、判断していく個の時代になっている。このように、児童・生徒は自分の個性や可能性を開発し、主体的に判断し、行動し、成功していくことは、合わせてリスクを負い、自ら結果責任を取るという自己責任があることを自覚しなければならない。

最近、NHKの報道番組で派遣社員として働いていた若者がリストラにあい、ニートの生活をしている者に、「どうして、いまのような生活になったと思いますか」とインタビューしたとき、「こうなったのは自分が悪い」と言い、自己責任であるから「助けて」とも言うことができないと言っていた。つまり社会や企業が悪いからこうなったという責任転嫁するものでなく、自己責任であるという。若者の年齢は不明であったが、おそらく新学習指導要領が施行された1990年以降の教育を受けた年代と推察される。現行学習指導要領にみられる「生きる力」をはぐくむ教育が生まれてきた背景には、1978年の中曽根内閣当時の「臨時教育審議会の答申」によるところが大きい。この教育改革に関する答申は、旧来の偏差値偏重の画一的・硬直的な詰め込み教育から人間の多様性にもとづく「個性重視の原則」を柱とし、創造性、考える力、表現力の育成や生涯学習体系への移行、国際化、情報化

への対応などが重視されるものであった。この答申の「個性重視の原則」のなかで、「真に自らの個性を知り、それを育て、それを生かし、自己責任を貫く者のみが、最もよく他者の個性を尊重し、生かすことができる」と述べている。つまり、自己責任ということが強調されているのである。これまでみられたニートといわれる若者は、「自分は一生懸命に努力してきたけれども社会のしくみや企業のやり方が悪いためにこのようになった」と自分の責任を一部認めながらも社会や企業にも責任があるという考え方に立つものであり、問題を相互関係においてとらえようとするものである。しかし、今日のフリーター、ニートといわれる若者の多くは自己責任であることを強く意識し、悩んで苦しんでいながら誰にも「助けて」と言えないと言っている。これは人間の共同社会にあってはゆゆしき問題であり、個性重視の教育が、個人の尊厳、個性の尊重、自由・自律、自己責任の原則などを重視した教育の裏腹に、こうした自己責任を強く感じる若者がフリーター、ニートとして生じてきたものとみることもできる。

　また、キャリア教育の重要な側面の一つに、生涯にわたって他との共存・協力という対人関係がある。たとえ、人生において自分の判断と行動によって生じた結果責任であっても、自己責任の重さを感じつつも、他との共存・協力という事が大切であり、自分の生き方について相談し、何らかの希望の持てる人間にはぐくむことが教育において大切なことである。キャリア教育を取り巻く環境は、産業・経済の構造的変化や雇用の多様化・流動化等が進み、職業観、勤労観が大きく変化してきている。また、社会も知識基盤社会といわれ、学歴が重視されて受験競争は激化し、相変わらず学校では大学入試センター試験をはじめ各種受験をめざした偏差値偏重の画一的な教育が行われている。

こうした背景のもとで、進学・就職を問わず生徒達は進路を選択し、決定し、人生の階段を登っていくものであるが、いずれにしろ、学校教育の現場では、受験に成功し、目標を達成することが最大の関心事である。受験勉強も大切なキャリア形成である。そのために、人生とキャリアの基礎・基本的な知識・体験等を学ぶために、自己実現した人々（校長OBなど）の講話などによる「感動」を与え、生きることの自覚を促すことも重要である。

3．キャリア教育の新たな視点

（1）キャリア教育の課題

　昭和25（1950）年当時の中学から高校への進学率は42.5％であり、就職に該当する生徒は57.5％であった。ところが平成25（2013）年では中学から高校への進学率は98.4％になっている。こうした事態は何を意味しているかといえば、中学校を卒業する生徒のほとんどが高校へ進学していることから、教育現場では偏差値を中心とした進学指導が行われ、ほとんどの生徒は高校へ進学する状況になっていることである。

　中学校は義務教育であり、教育基本法や学校教育法の制定時では今日のような事態を招くとは予想もしなかったものと推測される。本来、義務教育は社会人になるために必要な教育として法律で規定され、中学校を卒業するまでに社会人として必要な教育を終えていなければならない。学校教育法第21条1項では、義務教育の中学校に関して、「学校内外における社会的活動を促進し、自主、自律及び協同の精神、規範意識、公正な判断力並びに公共の精神に基づき主体的に社会の形成に参画し、その発展に寄与する態度を養うこと」が示されている。この記述は社会人として生

きていくために必要な知識、教養、作法、マナーなどを身につける教育がなされていなければならないことを意味している。

　また、学校教育法第21条10項では、「職業についての基礎的な知識と技能、勤労を重んずる態度及び個性に応じて将来の進路を選択する能力を養うこと」と示しており、この法律が制定された昭和22（1947）年当時は中学校を卒業して社会（就職）に出る生徒が全体の約60％であったことから、社会に出るキャリア教育が重視され、昭和28年には、「職業指導主事」が制度化されている。さらに、昭和32（1957）年には、中学校卒業者及び高校卒業者の就職する人に対して、経済の成長拡大のための労働者の供給が重要な課題となって、学校の教育現場で「進路指導」という用語が使用されるに至った経緯がある。しかし、その後、高校進学率が上昇し、今日のように高校進学率97％という時代を迎え、ほとんどの中学生が高校へ進学するようになり、中学校では受験のための偏差値偏重の教育に重点がおかれるようになっている。したがって、学校教育法に示されている社会人になるために必要な知識や教養、マナーやキャリア教育がおろそかになっているのが当然のことである。

　教育は施す側（行政・学校）と受ける側（生徒・父母）の意識や価値観などは時代とともに変化するものであり、受ける側の最大の関心事は、いかに希望する高校、次に繋がる大学等の受験に有利な高校に入学するかにある。つまり、中学校では高校受験のための偏差値偏重の教育一辺倒になっており、学校では、いかに生徒の学力に見合った高校へ入学する目的を達成させるか、なるべく中学浪人を出さないようにするか、などが教師や父母にとっても大きな関心事である。したがって、中学校の段階で職業についての基礎的な知識と技能や職業選択などについては、ほとんど

関心がないといってよい。こうした中学校教育の実態は学校教育法がめざす義務養育とは大きく乖離(かいり)しているのである。それゆえ、教育から職業・仕事への移行のプロセスは高校（専門・職業）や大学等において構築することが求められているといってよい。

(2) 高校義務教育化とキャリア教育

　平成25年の全国高校進学率98.4％の段階を迎え、中学校卒業生の大部分は高校へ進学している実態がある。このことは、今日、知識基盤社会の到来と言われる要因の一つを構成しているものとみることもでき、さらに高等教育機関とされる「大学・短大・高専・専門学校」の進学率76.9％（平成26年）は知識基盤社会の到来をもたらす大きな要因となっている。こうした現象は、わが国が知識産業時代への大転換を遂げつつあることであり、さらに、今日の情報通信技術をテコにしたグローバル化の到来を意味している。そして、こうした教育への熱意は、教育は国民のために存在し、社会の変化に常に対応し、社会の変化とともに自らも変革するものでなければならないという基本的に正しい判断が含まれているとともに教育が国民のためのものであるという先見性として受け止めることもできる。

　なぜ、このように教育への熱意が生まれ、高学歴化社会の到来、つまり、平成26年の大学進学率53.8％、「大学・短大・高専・専門学校」進学率76.9％などにみられる高学歴社会が到来をもたらしている要因は、どのような背景から生じているのであろうか。

　第1点は、わが国の近代社会の特徴として、一般的に学歴という段階が大学卒であるか高校卒であるかが、職業の高低を規定し、また、職業の高低がその人の経済的・社会的階層を規定するという慣習がある。それゆえ今日の民主化された社会でその人の階層

〔図6-2〕子どもに受けさせたい教育 経年比較

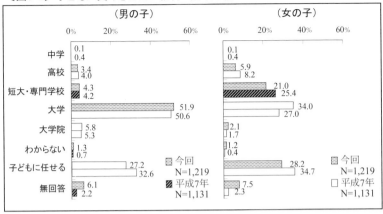

出所:内閣府政府広報室

所属は、門閥や財産などより学歴の方が大きな要素として作用し、学歴こそ社会の上位階層への切符と考え、教育投資を積極的に考えていることである。

〔図6-2〕は、子供をもつ父母に対する教育への関心度をアンケートしたデータであるが、親の多くは子供に対して、大学・短大等の高等教育機関まで教育を受けさせたいと望んでいることである。現実に、2014年の「大学・短大」への進学率は53.8％であり、これに「高専・専門学校」の進学率23.1％を加えると76.9％になり、教育への関心度がいかに大きいかが分かり、これらが社会的風潮となっているといえる。

第2点は、最近の子供を持つ親の中で、子供の幸福のために、自分で果たせなかった夢を託し、大学等の高等教育を受けさせたいと願望している人びとが多いことである。1980年代の大学進学率は30％程度であったことから、子供には経済的には苦しくとも、教育のためならお金を使うことを厭わないという考え方である。こうした高学歴への志向が社会の上位階層への移動を可能

第6章 キャリア教育と商業教育の課題

〔表6-2〕国・公・私立大学数と学生数の推移

	1980年 (昭55年)	1990年 (平2年)	2000年 (平12年)	2009年 (平21年)	2013年 (平25年)
大学数	446	507	649	773	782
学生数	千人 1,835	千人 2,133	千人 2,740	千人 2,845	千人 2,876

出所:文部科学白書(平成25年)

と見ている。

　第3点は、大学の大衆化をはじめ、教育機関の拡大により、大学の序列化・多様化が進み、能力に応じて教育を受ける機会が拡大していることである。有名一流大学への進学に際しては厳しい受験競争を経験しなければならないが、二流、三流と言われる大学への門戸は広く、入試制度の多様化（AO入試、推薦入試、一芸入試など）もあって、希望すれば容易に入学できるようになっていることである。

　わが国の大学数・学生数は1980年から1990年には急激に増加している。このことは、1984（昭59）年に発足した教育改革に関する「臨時教育審議会」の答申が大きく影響していると推察することができる。最終答申は1987年に行われたが、その骨子は、わが国経済のGDPが200兆円を超え、社会の繁栄とともに学歴社会がすすみ、受験競争の激偏差値偏重の硬直的・画一的な教育、非行など教育の荒廃などを是正する必要がある。そのため「個性重視の原則」を重視した教育を推進する必要がある。また、大学等の高等教育については、新しい時代を担う役割を負った教育機関として国民や社会の様々な教育に関する要請に適切にこたえていく必要がある。それゆえ、開かれた高等教育機関の多様化・個性化を推進していく必要がある。そのため、大学等の多様性、開

放性は社会的要請と学問・技術・技能の発展に即して、個々の高等教育機関に自発性と責任とに裏付けられて発揮されることが期待され、創造力に優れた研究者や力量のある専門的職能を有する人材を育成することが必要であると指摘している。

この答申に沿って、1980年から90年において大学数は61校も増え、学生数でも298千人増加している。この1980年代は情報化の進展に伴う技術革新と経済のサービス化が進み、21世紀に向けて科学技術文明は改めて人間の生き方を問い直した時代であり、教育も大きく変革することが求められたのである。最近の2013年では、大学数や学生数において1980年代の約2倍になっているのが特徴的である。

第4点は、今日の競争社会に生き残り、人生の成功へと導くカギは、学歴が最良で唯一の手段と思っている父母が多く、マスメディアといわれる新聞、雑誌、テレビ等は、有名私立小学校・中学校・高校への進学は、やがて有名一流大学へ進み、有名一流企業や官公庁に就職することによって豊かな生活と社会の上位階層への移動を想定することを煽っている。教育産業が不況に強いといわれる所以である。

第5点は、文明の発達に伴い、人間の欲望は豊かさと充実した生き方を求めるようになり、そのために心理的・精神的に満たされるとともに自分の個性を生かす知識・技術等を学ぶ機会を求めるようになり、教育への熱気はさらに噴出していくことが予測される。

以上の諸点からわが国の教育への熱気が噴出しているものと思われるが、それらを可能にしているものは、発展途上国をみるまでもなく、わが国が先進国として経済的繁栄を遂げているからである。本来、教育は国民のために存在するものであるから、機会

均等の主旨にもとづいて展開されるものでなければならないが、学歴と仕事とプライドとの関係をどのように考えたらよいか、という課題がある。少なくとも、今日、社会問題となっているフリーターやニートといわれる若者の増加は単なるミスマッチの問題だけでなく社会・産業の構造的変化に起因している。

また義務教育を中学校までとしている法的位置付けは、現在の社会情勢から不適切であり改正が必要である。しかし、法的改正に時間がかかることから、実態としての義務教育の変化に対応した教育のあり方およびキャリア教育のあり方を構築し、時代の趨勢に対応していくことが必要である。

(3) 時代思潮の変化とキャリア教育

中学・高校でのキャリア教育を阻害しているのは進学という受験競争のために、目標とする高校・大学等の入学試験に向けた、偏差値偏重のもと、全エネルギーを傾注しているもので、将来の職業・仕事などをどのように考えたらよいのか、また、どのような仕事に就き、どのような働き方をしたらよいか、あるいは自己実現するために、どのようなキャリア形成が必要とされるのか、などを考えることの余裕がないかも知れない。あるいは学校・教師の側でも、当面の生徒の願望が実現できることを目標に、キャリア教育の重要性を認識しつつも、中学生浪人を出さないように配慮した受験指導を行い、偏差値偏重といわれようが、受験対策を中心にした教育が展開されている。

ならば、受験競争のない教育・社会制度であったらどうであろうか。高校教育段階が義務教育化されれば、中学からの受験競争は一部緩和（私立高校への競争は激化）されるかも知れないが、大学等への受験競争は相変わらず続くであろう。

問題は、キャリア教育をどう定義し、教育における役割と位置づけをどのようにするかにかかっている。これまでの教育基本法や学校教育法などの主旨を踏まえつつ、現実に展開している社会・教育環境の変化のなかで、効果的なキャリア教育をどう展開し、教育が目指す人格形成をどう行うかにある。

　その一つの視点は、中学・高校段階に展開される厳しい受験競争は生徒の人格形成において弊害のみかということである。よく高校受験に際して、「15の春を泣かすな」とか、厳しい受験競争は、生徒の非行、引きこもりなどを引き起こす要因となっていることが指摘される。成長期の人格形成において、苦しい受験競争は果たして弊害のみであろうか。心理学者アブラハム・マスロー(Abraham Maslow)は著書『完全なる人間』の中で、「欲求不満や苦痛や危険の完全なる欠如もまた危険であり、困難を克服し、事故を極度に張りつめ、挑戦と苦難を乗り切り、ときに失敗を重ねさえして、自己の力とその限界を知り、これを伸ばそうとする。大いなる闘いのうちには大いなる喜びがある」[注4]と述べている。こうした記述からも、激しい受験競争は生徒の成長過程において弊害のみであるというより人格の完成にとって大切なことであるといえる。つまり、幼少年期に厳しい苦難を経験しない子供は大人になっても自己実現は難しく、大成しないということもでき、そうした意味からも中学・高校段階で経験する受験競争は、子供の過保護からの脱却であり、子供の成長にとって大切な要素でもある。

　人間が目標の達成に向かって、挑戦し、苦難を乗り越えていく努力はキャリア形成となるものであり、そのプロセスが受験競争

(注4) アブラハム・H・マスロー著「前掲書」、253頁

という偏差値偏重の教育であっても、達成感や成就感を体験することができることはキャリア教育の一環としてとらえることができる。むしろ感動のない安易な道を選択した生き方を望み、苦しい受験競争を避ける子供の方が人格の形成において問題であり、キャリア教育の面からも望ましいものではない。

(4) キャリア教育と「生きる力」の育成

　学校教育におけるキャリア教育の位置づけは、学校から職業生活への移行するために必要な知識や技術などを身につけ、社会に出るための準備教育と行われることを本旨とするものである。それゆえ、生徒が義務教育を終えて社会の職業生活へ移行する段階、あるいは高校を卒業して就職する生徒などをキャリア教育の主な対象とされているのである。

　現行の教育基本法第5条及び学校教育法第21条(中学校)、第51条（高等学校）にそれぞれ学校を卒業して社会に移行するに必要な事項が明示されている。主に義務教育の中学校を修了し社会に移行する段階でキャリア教育を重視していることが分かり、学校教育法第21条1項「学校内外における社会活動を促進し、自主、自律及び協同の精神、規範意識、公正な判断力並びに公共の精神に基づき主体的に社会の形成に参画し、その発展に寄与する態度を養う」と記述されており、今日言及されている「生きる力」をはぐくむことの大切な内容が示されている。また、第21条4項「家族と家庭の役割、生活に必要な衣、食、住、情報、産業その他の事項について基礎的な理解と技能を養うこと」及び同10項「職業についての基礎的な知識と技能、勤労を重んずる態度及び個性に応じて将来の進路を選択する能力を養うこと」を目標として掲げて達成するように求めている。また、高等学校についても中学

校における教育の基礎の上おくことから同様にキャリア教育の目標が第51条に掲げられている。

これらの法令に示されているキャリア教育に関わる内容は、義務教育を終えれば大半は社会の職業生活に移行することが想定されているものである。また高校でも多くの生徒が学校を終えて社会の職業生活に移行することが想定されている。

しかし、今日の高校進学率97.8％が示すように、中学校卒業者のほとんどが社会へ出ることなく高校へ進学している。したがって学校教育法第21条1項に想定しているキャリア教育は不適切なものとなっている。また、高校においても、全体の卒業生に占める就職率17.4％（平成26年）で約19万人位であり、ほとんどの生徒は大学・短大、専門学校など高等教育機関へ進学している。こうした状態においては、中学・高校段階では、キャリア教育の役割とする、「若者が正しい人生選択をし、学びの世界から働く世界へ（学校から職場へ）の円滑な移行をするのに必要な知識や技術を発展させることを助ける活動である」ということは中学・高校段階では、ほとんど用をなさないことになっている。現在の学校から職業生活への移行へのキャリア教育の必要性は大学・短大、専門学校などの高等教育機関へ移っていると判断できる。この傾向を示すものとして、文部科学省は、大学・短大での「職業指導」（キャリアガイダンス）を平成23（2011）年度から義務化するよう大学設置基準を改訂したところである。

こうした教育情勢の変化は、中学・高校の初等中等教育段階と高等教育段階とにおいてキャリア教育についての取り組みのあり方についての方向性が異なってきている。

つまり学校から職業への移行が高等教育へ移ったことから、初等中等教育段階では学びの世界から働く世界への移行のための準

備教育がほとんどなくなったことから、教育本来の人格の形成に関わる基礎・基本となる知識・技能の習得を目指し、教育の連続性、適時性、選択性を大切にした学ぶ姿勢が必要とされるものである。つまり、今日のグローバル化、国際化、情報化、高学歴化などによる知識集約化のすすんだ社会に「生きる力」を育むためには、そのベースとなる知識・技術や豊かな情操と道徳を培うこと、個性や能力の伸長、創造性、思考力、判断力、表現力といったものを育成することに重点をおくべきである。

よくキャリア教育重視の要因として、最近の若者に見られる高い早期離職率、フリーターやニートの増加を抑制するために、初等中等教育段階にキャリア教育の必要性を重視し、職場体験やインターンシップ(就業体験)などを半強制的に実施していることは肯綮(こうけい)にあたるキャリア教育とはいうことができないであろう。フリーターやニートの問題は他の要因、つまり、若者の生きることの自己意識、学歴と仕事との関係、専門知識と仕事との乖離などが大きく作用していると見ることができるのである。

したがって、初等中等教育段階におけるキャリア教育が不適切な原因として次の点を指摘することができる。

第1点は、中学校の生徒は高校進学率98％に達した段階では、学校から社会の職業生活への移行に関わる知識・技術は必要でなく、どのような高校・学科へ進学するかが最大の関心事である。それゆえ、生徒が目標とする学校へ入学を達成するために、学校・教師は受験指導を徹底し、中学浪人を出さないようにすることである。また、高校においても大学・短大、専門学校への進学率76.9％(平成26年)に達し、高等教育機関は開かれた教育機関として多様化、個性化していることから、きめ細かな進学指導が必要である。生徒の最大の関心は、大学入試センター試験をはじめ、

自分の目指す大学・学科への入学を果たすことであり、受験競争に耐え、挑戦することが求められる。また、大学以外の教育機関であっても、自分の個性、能力、適性にふさわしい教育機関に進学することができるかが将来の目標を達成できるかを左右するものである。それゆえ、初等中等教育段階で生徒の当面の関心事を支援してやることが重要であり、大学入試の受験であったり、文化・芸術への挑戦であったり、スポーツの領域でアスリートとして成果を上げることや各種検定及び資格試験に合格することとか、いろんな目標に向かって挑戦していくことが大切なことである。例えば、受験競争を経験することによって挑戦するファイティングスピリットが養成され、受験に際して長い期間にわたって精神的・心理的に健全であり、身体的にも健康であるためのセルフコントロール（自己管理）が必要とされる。この経験は人生のあらゆる場面や物事に対応する際に有効な働きをするものである。また、いろんな検定や資格試験に挑戦し、目標を達成することやスポーツの領域で目標に向けたファイティングスピリットを持って達成することなど人生のキャリアとなるものであり、これらこそ初等中等教育におけるキャリア教育として位置づけることが重要である。勤労観や職業観及び職業人としての基礎的・基本的な資質などの涵養は、学びの世界から働く世界へ移行する段階で身につけるようにすればよいことである。

　第2点は、今日の高学歴化した社会における初等中等教育段階では、生徒の人格形成の土台となる教育的配慮が必要であり、豊かな人間形成の基礎・基本、学習・教育についての連続性、適時性、個性と選択性などを重視したなかで、将来の生き方について学び、考える機会を計画的に設定する必要がある。つまり、初等中等教育段階でのキャリア教育に関わる活動は、自己教育力の育

成を図り、その基盤の上に立って自発的意思に基づき、自己に適した手段・方法を自由に選択して生きていく資質・能力を養成することが主眼であって、その過程で受験競争や資格・検定、文化、スポーツなどへの挑戦と成果がキャリア教育としての役割を果たすことができるものである。したがって、職場体験やインターンシップ（就業体験）等は学びの世界から働く世界に移行する高等教育機関の段階で実施されるべきものと思われる。

(5) 社会・職業的自立と自己実現

　近年、若者のフリーターやニートの増加や早期離職者が多いことが社会問題となっている。その要因として、グローバル化、IT革命による産業・経済の構造的な変化や雇用の多様化・流動化及び職業人として求められる資質・能力が変化してきていることである。こうした中、正しい勤労観、職業観を身につけ、明確な目的意識を持って人生を切り拓いていく命題について初等中等教育の段階から取り組むことは望ましいことではあるが、この段階で生徒の欲求が果たして向いているかというと、生涯のプロセスからすれば生徒の欲求は中学生であれば目指す高校へ、高校生であれば、目指す大学、短大、専門学校等へそれぞれ入学試験に合格して入学することである。それゆえ、多くの生徒・学生は、高校→大学・短大・専門学校→社会（職業）というプロセスを考えており、キャリア教育は学び世界から働く世界へ移行や社会的・職業的自立を巡る問題は、学校教育を取り巻く教育環境の変化によって、本来の学校教育が目指す社会的・職業的自立にもとづく人材育成は難しくなっている。

　本来、社会が豊かで活力ある発展をしていくためには、産業・経済における資本蓄積と技術革新や労働生産性の維持・向上が求

められるが、これらは物質的には科学技術という確固たる基礎をもっているが、他方、生産に伴う労働力は精神的になんの基礎をもたない人的資源であって、社会の成熟化や豊かさによって欲求は拡大し、大学等進学率の上昇にみられるように個人の教育的欲求は拡大している。こうした産業界の社会的要求と教育界の教育的欲求との調和の問題は、時代の変遷の中で繰り返し議論されてきているが、学校教育と職業や人材育成は重要な問題であって、常に現実を直視し、進路指導やキャリア教育における有効な教育的配慮を行っていく必要がある。

わが国の専門高校や大学等の新規卒業者の社会・職業への移行をした若者の3年後の離職率は高卒者40％、大卒者30％で、フリーターやニートの予備群が輩出されていることが分かる。こうした事態は、デニス・ガボール（Dennis Gabor）が指摘するように、(注5) 二つの要因がある。一つは、産業経済の発展による豊かな社会の到来は、若者に「期待革命」（働かなくても食える）が生まれてくることである。二つは、今日の物的な飽和状態においても、プロテスタンティズムの倫理である「働かざる者は食うべからず」の原理をわきまえなければならないことである。今日の若者に対して、現在の物質的豊かさを得られたのは、わが国が1945年の終戦から経済・社会の復興・再建から成長へと苦しい道のりを経て獲得した歴史を深層意識にたたき込む必要がある。「人間は逆境にあっては優れているが、安全と富を得ると、みじめな目的を失った生物になりがちである」という所以である。

今日、若者が当面する問題は、第1に、高学歴社会による大学等の高等教育機関に学ぶ若者の増大は、高度の専門的知識・技術

（注5）デニス・ガボール著、林雄二郎訳『成熟社会』、1973年、講談社、16頁

を習得した若者の欲求と願望に対して、高度の職業については、社会・経済ではごく限られた数の地位しか用意されていないことである。高度の専門的知識・技術の教育を受けた人々は自負心や自尊心が強く、単純な職業・仕事を忌み嫌う傾向があり、就職しても転退職する人が多い。このことは、今日の社会が科学技術という確固たる基礎に依存しているものの、精神的には何の基礎をもたない文明を享受しているからであり、人間自身の持つ性質と闘わねばならないことを意味している。人間の性格はおよそ18歳ごろまでに固まってしまうといわれているが、初等中等教育が終わる高校卒業段階までが性格形成の重要な時期に当たる。ところが、この時期に中学・高校に学ぶ生徒は偏差値偏重の受験競争を強いられ、よい高校、一流大学、一流企業、官僚などへのルートを目指して勉強している。こうした当面の目標達成に追われ、人間の生き方や個性を生かした職業選択や将来のビジョンについて真剣に考えるゆとりを持たない日々を送ってきている。こうした人間の性格形成の時期と受験競争の日々を過ごしていることから、学歴と職業・仕事との調和を取ることができなく、自分の欲求や願望と職業・仕事とのミスマッチが生じているのである。

第2に、働く場を提供する企業・社会その他が求める資質・能力や人間性と、労働を提供する求職者の意識や願望およびエンプロイアビリティー（employability）との妥協する点をいかに拡大するかにある。企業等は存続と貢献のために、常に生産性向上を目指し、人的資本としての労働者に企業へ貢献できる人材であることを求めるものである。市場の原理のように、採用する側の論理と求職する側の論理が妥協する点をいかに拡大するかが重要なことであり、それぞれのサイドで努力することが必要とされている。

重要な問題は、どのようにしたら、高学歴者として、知識・技術や自尊心を持つ若者の個々人の欲求や願望と高度に発達した多様で複雑な技術社会・情報社会の労働力要請と最もよく妥協させることができるかにある。それゆえ、学校におけるキャリア教育の効果的な指導のあり方は、初等中等教育段階では人格形成の基礎・基本に関わる精神的・心理的な深層意識や感動などが重要である。また、高等教育段階である大学・短大、専門学校等では学びの世界から働く世界へ移行するにあたって、社会人・職業人としての基礎的・基本的な知識・技術の習得や職場体験、インターンシップ（就業体験）などの体験的なキャリア教育が必要である。特に、人間の個性、能力は多様であり、専門的知識・技術の活用や偏差値的な視点からの職業選択と個人の才能や先見性、実行力、勇気、創造性など人間的偏差値を活用した起業家的な生き方もある。つまり、人生において、個性にもとづく希望や可能性を求めてライフステージに応じた学びの教育の場を選択し、めざす職業に必要な知識・技術を身につけ、職業生活を通じて努力と成果によって自己実現を達成する道と自己の才能や資質を生かして事業を起こし、起業家として成功し、社会貢献を果たして自己実現を達成する道もあることの認識にもとづく進路指導のあり方が重要である。

第7章　商業教育と進路指導の革新

1．進路指導の現状と課題

(1) 進路指導の意義

　今日の高校教育段階における進路指導の要諦は「生きることは働くことである」ことに関わる職業観や勤労観をいかに身につけるかにある。いま、新規高卒者の進路選択の現況は大学・短大55.2％、高専4年次0.9％、専門学校23.1％で計76.9％（平成26年）の進学率となっている。また新規高卒者の就職率は17.4％の低い水準になっている。

　このように、学校から社会・職業へ移行する者は、新規高卒者総数1,047,392人のうち182,246人にとどまっている。それゆえ、約80％の者が大学等高等教育機関へ進学しており、社会的・職業的自立の問題は進学した大学等高等教育機関を卒業する段階で現実的なものとなる。したがって、高校教育段階の進路指導は学校から社会・職業へ直ぐ移行する生徒は少ないことから進学する生徒を主体とした進路指導が展開されているのが実態である。

　こうした実情から、学校から直ぐ社会・職業へ移行する就職者には雇用情勢や企業・職業の動向、勤務条件の内容などについてきめ細かな指導が必要であるが、総じて大切なことは、"生きることは働くことである"という職業観・勤労観をいかに理解し、身につけさせるかにかかっている。

　現代の社会生活において、生きることの基本は働くことであるという意識を持つことが必要である。つまり、生きるということは、現代の社会組織の中で働かなければ欲求充足の糧（収入）を得ることができず、働くためには何らかの職業・仕事に就かなけ

ればならないというのが基本である。しかし、現実に社会生活を成り立たせるためには衣食住など最低限必要とする経済的物財から、教育、文化、芸術など精神的欲求を満たすサービスを必要とする。そのために、人びとは経済的価値交換というメカニズムにおいて、それぞれが何らかの貢献できる生産活動に従事し、人や社会に必要とされる価値を創造し、提供することによって、自分の欲望や社会のニーズを満たしてくれる価値を得るという、生産者と消費者の立場を両立させることによって個人としての経済的自立を成し遂げることができるのである。いわゆる、どのような財やサービスの生産であれ、職業行為として、自分が従事する行為（例えばどんな娯楽施設でも）が社会や誰かの役に立っていることが、絶対条件であり、ここに働く意義がある。

　人間が働くことの意義をどこに求めたらよいかは、古くはキリスト教のプロテスタンティズムの倫理にみられる「働かざる者は食うべからず」がある。これはプロテスタント的信仰の必然的な結果であるが、職業労働に対する積極的な倫理的根拠を与えた点で現状の資本主義精神の成立と社会的有用性を示唆しているものといえる。こうした働く意義については、歴史の発展過程にみられる価値観に依存している側面が強くみられるが、今日ほど人間の生き方や働くことの意味が問われている時代はないのではないか。若者が働く意義について多様な価値観を持ち、若者（15歳〜34歳）の中でフリーターといわれる人が約180万人、ニートといわれる人が約83万人ともいわれている。こうした現象について、デニス・ガボール（Dennis Gabor）は、「先進国の経済発展による生産構造の高度化が豊かな社会を実現し、人々の意識を変化させるものである。いわゆる飽和状態（saturation）が招い

た危機である」[注1]といっている。つまり、物質文明の発達に伴う豊かさは生活において物質的には満たされていることから、精神的な欲求の充足に生きる価値観をもつようになり、「人間はパンのみに生きるにあらず」といった思考形態をもつ若者が出現してくることになる。若者のフリーターやニートといわれる人びとであり、いまわが国の社会問題になっている。

(2) 進路指導の新たな視点

　近代社会では、豊かで活力ある社会を維持し発展させていくためには、富を生み出すために、生産過程が必要である。この生産過程を構成する要素としては、一つは物質的には科学技術の進展と絶え間ない技術革新と資本蓄積による産業経済の高度化が必要である。いま一つは、産業経済の高度化に呼応した人的資源である有為な労働力の供給である。この物質的サイドの要素と人的サイドの要素がうまく調和していれば円滑な社会・経済の発展が成し遂げられる。

　しかし、問題は、物質的サイドの科学技術や産業経済の高度化などは研究開発の蓄積によって確固たる基礎に依存しているのに対し、人的サイドの労働力の供給は、多様な価値観を持ち、人間としてのあり方、生き方に深い関わり有し、時代の変化や社会・経済の変化するなかで、よりよく生きる欲望の実現や精神的充足を求めているけれども、文明史的にも何ら確固たる基礎をもっていない。それゆえ、物質的サイドと比較して、人的サイドの労働力の供給は常に不安定で多くの問題を抱えているが、基本的には、社会が産業経済の発展に求める人材の社会的要求と、豊かさから

(注1) デニス・ガボール著、林雄二郎訳『成熟社会』、講談社、1973年、4頁

来る個々人の教育的要求の拡大とをどのように整合させていくかに進路指導の重要な役割があり、新しい時代の職業観・勤労観を身につけた人材育成が求められている。

職業教育の宿命は、後期中等教育段階における職業の専門学科の人材育成を担う労働力の供給を行う教育機関として位置づけられていることである。したがって、産業・経済の発展と軌を一にして、社会が豊かで活力ある発展による国民生活の向上に資する役割を果たすことが求められている。例えば、わが国経済が昭和30年代の高度経済成長を遂げた際に、急速な経済規模の拡大が起こり、これに見合う労働力が必要となり、その労働力を確保するため、当時の文部省は昭和36年に「科学技術系学生の増募計画及び高等学校における職業教育の拡充政策」を施行し、わが国の高度経済成長を支えている。このように産業経済の発展と職業教育は連動しているけれども、今日の成熟社会における産業構造や就業構造の変化は専門的知識や技術の高度化とエンプロイアビリティーの高い人材を要求している。そのため、後期中等教育段階における職業の専門学科における人材育成は、社会の高学歴化とともに大学等高等教育機関への進学率が上昇しているように、職業に関する専門学科に学ぶ生徒は質・量ともに衰退するとともに、教育内容において強度の専門的知識・技術の習得をめざしたものでなく、将来のスペシャリストの基礎・基本を培う教育と適応性の大きい職業人の育成が求められている。

それゆえ、産業界の労働市場や就業構造においては、新規学卒者の人材供給は大学等高等教育機関から社会・職業への移行者が増加し、職業の専門学科から新規学卒者の就職者は減少しつつある。こうした産業社会への人材供給の変化は、受け入れる産業・企業等においても、企業経営の遂行に際して、仕事の内容におい

ても高度な専門的知識や技術・技能を必要とする職務は限定されており、単純な作業が多く存在している。これに対し、求職する大学等の新規学卒者は専門的知識・技術を習得したプライドもあり、大企業をはじめ有名企業への就職を希望している傾向がみられ、職業への移行や仕事のミスマッチが生じている要因ともみることができる。

　進路指導の大切な役割は、産業界における人材確保の社会的要求と高学歴化社会における個人の教育的要求とを整合させ、自己実現への道を歩むことを可能にすることである。

(3) 商業教育の性格と進路指導の有効性

　今日の教育を取り巻く環境は経済の発展による豊かさに伴う教育的欲求の拡大による高学歴化、知識基盤社会への移行が進むとともに、他方、労働力を受け入れる産業界では技術革新による産業構造の高度化やIT革命の進展によって知識・技術の専門化、多様化が進んでいる。

　こうした教育サイドと産業サイドの変化のなかで、働きがいをどう見い出すかが重要な問題であり、働きがいのある職業・仕事に対する教育サイドの知識・適性・能力の提供と、産業サイドの多様な職業や仕事が求める専門的知識・技術がうまくかみ合うことが必要とされるのである。そのためには、どのような職業分野で、どのようなエンプロイアビリティー（employability）が求められているかを考察する必要があり、そうした職業分野に対応した能力・適性・可能性を生かせる進路指導が必要である。したがって、商業教育において育成する人材の特性と商業教育が主に対象としている職業に求められている職業的資質・要素などがうまくかみ合うような進路指導に配慮する必要がある。例えば、流

通小売業の分野で雄といわれるセブン&アイHDの鈴木敏文会長は、セブン&アイHDに働く人材について、「知能指数的な優秀さでいったら、よその会社の方がたくさん優れた人がいるでしょう。それよりも重要なのは、一人ひとりがどういう考え方で仕事をするか、仕事の取り組みです」[注2]と言っているとともに、今の時代に本当に求められている仕事の仕方、真の「仕事術」を示すことでもあると言っている。

つまり、仕事（職業）によっては、単に偏差値的に優れた高度の知識・技術を身につけている人よりも、人間の資質・個性にもとづく才覚、知恵、創意工夫に長けている人の方が大きな役割を果たし、成果を上げうることを意味している。そうした意味から、商業の専門学科における教育がより実践的で、より創意工夫と才知など涵養される教育であり、商業の専門学科で育成される人材は、商品の売買・流通における仕事に対する考え方、仕事の取り組み方に大きな能力を発揮する人材であることを進路指導の理念としてとらえていく必要がある。つまり、「商業」という機能は、商品の売買・流通に関わる経済行為であって、単なる知識や技術・技能の習得によるものでなく、人間の資質である、才覚、機智、先見性、実行力などが大きく作用し、人間の意識や行動力を変える不思議な力を持っている。例えば、中学卒の人であっても、商業の分野で事業に成功し、多大の富を築き社会に貢献している多くの人をみることができる。それゆえ、大学等で、高度な専門的知識や技術を習得するだけで成功するものではなく、人間の資質面からみて、IQ（知能指数）を主体とした偏差値的要

（注2）勝見明著『鈴木敏文の本当のようなウソを見抜く』、プレジデント社、2005年、5頁

素と合わせて個性値（EQ：倫理指数）を含めて考える必要があり、起業家精神の養成とともに、変化する時代における産業活動に対処できる人材の育成をする視点が進路指導の重要な点である。

2．生きることは働くことの定義

(1) 個性の尊重と自己探求

　現行学習指導要領改訂の総則の教育課程編成の一般方針のなかで、「生徒が自己探求と自己実現に努め」と記述されているように、教育にとって大切な要素である。この「自己」については、教育的観点から多様な捉え方がみられるが、代表的な分析心理学者として知られている、C.G.ユング（Jung Carl Gustav、1875－1961）をあげることができる。C.G.ユングは、「自己」とは意識も無意識も含んだ人間の心の自我意識を超越する、より高次の統合の中心にして人格性の最深の秘奥として捉えられている。(注3)また、「自己を統合の中心ならびに目標として展開していく生の過程が個性化である」というように、ここでいう「自己探求」とは自分自身の個性化への探求であるともいうことができる。臨時教育審議会「教育改革に関する一次答申」（1985年）における「個性重視の原則」が掲げられているのは、各人がそれぞれ独自の個性的存在であり、自らの個性を知り、それを育て、それを生かし、自己責任を貫くもののみが、最もよく他者の個性を尊重し、生かすことができるものであるとしている。しかし、C.G.ユングは「個性化の実現は、普遍―集合的な存在連関を前提とし、集合基盤と

（注3）三木博著『ユング個性化思想の構造』、福村出版、1995年、38頁

の調和的な協働にもとづいてはじめて可能なものとなるが、個性化のあり方をただちに唯一の、もしくは一般教育―人間形成の目標と見なすわけにはいかない」と指摘している。(注4)

このように、「自己」の実現過程は、「個性化過程」であるとしながらも、個性化が教育の人間形成の目標とみなされるものではなく、個性化への道は決して規範などのものでもない。教育の根本ロジックは、本来的に人間性と真理に根をおろし、人間一人ひとりに与えられている無限の可能性を開発し、人間性を調和的に成長させるとともに真理を教えることである。言われるように、教育とは人間が有する無限の可能性を開発し、伸長していくことであり、いま一つは個人尊重しながら文化その他を理解するとともに、社会に対処・適応できる資質を涵養し、あわせて時代を担う使命を自覚し、生きることは働くことであるという認識のもとで何らかの社会的用途に貢献できる人間を育成することが大切であるからである。

こうした観点から、高等学校学習指導要領・総則における「自己探求」は自己探索といってもよく、生徒一人ひとりが

①自分はどこへ向かおうとしているのか
②なにを人生における目標としているのか
③なにによって自分の才能、能力を生かそうとしているのか
④生きることは働くことの意味をどうとらえているか
⑤なにが価値ありと感じられるのか
⑥なにを善いこととし、なにを悪いこととしているか

などを探索することにある。したがって、自己探求は教育の場だけでなく、家庭、社会生活などと深い関わりをもっており、いろ

(注4) 三木博著、前掲書、70頁

第7章 商業教育と進路指導の革新

んな経験や体験を経るなかで行われるといってよい。

(2) 学校教育と進路選択

一般に進路選択として次の点があげられる。

(ア) 生徒は自尊心が強く、チャレンジ精神が旺盛であることである。つまり、進学については競争原理のもとで激しい競争と知りながらも自分の興味・関心・性格、素質などより学習における偏差値を重視し、偏差値の高い大学・学部等に入ることが人生の成功につながるとしている傾向がみられる。

(イ) 有名大学・学部等への入学が社会的ステータスの高い企業・職場への就職の可能性が高いと考えている傾向がある。しかし、注意しなければならない点は、職業によっては知能指数が高いことが有利であることもあるけれども、知能指数の高さや偏差値の高さなどより、人間の感情や才覚、才知や物事に対する考え方及び戦略的思考が有利に働く有名な会社、例えば流通産業といわれる有名な小売業などがあることも考慮すべきである。

(ウ) 自分にとって、本当の職業・仕事は大学等に入学した後に自分の能力・適性などから選択すればよいと考えている傾向がある。

今の大学等の受験には市場原理が働いているといわれるように、国公立、私立を含め、一流大学から二、三、四流大学等が存在するといわれるように、それぞれの大学等に多様な学生が学んでいることを考えれば、生徒の進路選択に際しては、いろんな「物差し」から見る必要があり、生徒の能力・資質などを考慮して教師や父母等が適切にアドバイスしてやることが大切である。

〔表7-1〕知能と職業のマトリックス

IQ分類	133.1 以上	126.5 〜 133.1	120.7 〜 126.5	113.6 〜 120.7	104.1 〜 113.6	91.5 〜 104.1	73.5 〜 91.5	合計
総人口中のパーセント	2	3	5	10	20	30	25	
科学者、芸術家、専門職	1.6 (1.0)	2.0 (1.2)	2.4 (1.8)					6.0 (4.0)
高度の管理職	0.4 (0.3)	0.8 (0.6)	1.0 (1.0)	1.8 (3.1)				4.0 (5.0)
教育者(専門大学以下のレベル)	— (0.4)	0.2 (0.7)	1.6 (1.2)	7.0 (2.0)	7.0 (0.5)			15.8 (4.8)
事務職	— (0.2)	— (0.2)	— (0.6)	1.0 (3.0)	3.0 (10.0)	6.0 (6.0)		10.0 (20.0)
技能工	— (0.1)	— (0.2)	— (0.2)	0.2 (0.4)	0.2 (2.1)	3.8 (1.0)		6.0 (4.0)
生産労働従事者(農業を含む)	— —	— (0.1)	— (0.1)	— (1.2)	7.0 (6.4)	11.0 (17.0)	2.0 (15.0)	20.0 (39.8)
サービス業従事者	— —	— —	— (0.1)	— (0.3)	1.0 (1.0)	9.2 (6.0)	23.0 (10.0)	33.2 (17.4)

95%

　この表の数字はパーセンテージであらわされている。上段の数字は、紀元2000年頃までには実施されるであろう社会において、どれくらいの知能指数をもった人が、どのような割合で、それぞれの職業に就かなければならないかを示す。カッコ内の数字は、アメリカとイギリスの中間に位置するような高度工業国で、現時点でこうなるべきではないかという推定値である。
出所：デニス・ガボール著『成熟社会』141頁

（エ）今、新規高校卒業者の進路動向は、大学・短大、高専、専門学校への進学率76.9％(平成26年)と高く、同就職率17.4％と低い水準にある。この事実からも、いかに高学歴社会に移行しつつあるかが分かり、高度の専門的な知識・技術を身につけた学生が多く社会に輩出されている。しかし、社会には、高度な専門的知識・技術を必要とする職業や地位などは少な

いのが現実であり、学生と職業・仕事とのミスマッチが多く生じており、退職、離職等による若者のニートやフリーターの増加は見逃すことはできない。

　本来、科学者デニス・ガボール（Dennes Gabor）が『成熟社会』（The Mature Society）に、「知能と職業のマトリックス」を示していることからも、社会においては、高い難易度(高級官僚・有名企業等)で要求される職業から低い難易度の職業など多種多様であり、支払われる報酬の額が異なっていることも社会通念として受け入れられている。それゆえ、生徒の諸条件が許す範囲内で自分の職業的欲求にそって挑戦することは当然なことであるが、将来的に考えて自己実現への道につながっているかが職業を選択するときに重要となる。それゆえ、教育の場においては一人ひとりの生徒がベストな「自己探求」ができることを扶けてやることが大切である。

（3）進路指導と職業指導力

　一般に、現実の高校教育の段階における生徒の進路選択においては次のような問題がある。その一つは、人間の生き方、あり方に関わる進路選択に当たって、進路指導については年間のホームルームの時間内に一部取り扱われているが、カリキュラムの中に「進路指導」という科目はなく、また、学級担任の教師の担当している教科・科目によって進路指導に関わる基礎的・基本的な知識を持っていない教師が多いことである。

　その二つは、進路に関する指導にあたって、一応進路指導主事の指導もあるけれども、実際の指導は学級担任であり、老練な人生経験の豊富な教師もいるけれども、若い教師は人生経験やキャ

リアについての知識に乏しく将来の職業への指導が十分ではない。

　その三つは、学級担任である教師の経験から、教師になっている人の多くは、中学、高校、大学と偏差値偏重の教育を受けてきたことから、特に職業に関する専門高校における進路指導に当たっても偏差値によって物事を見る傾向があり、大切な生徒の個性や適性について十分な配慮がなされていない場合が多くみられる。

　以上のような諸点についての改善がなされた場合に、学習指導要領に示されている生徒の「自己探求」と「自己実現」に向けた進路指導の効果を上げることができる。

3．進路指導と自己実現への道

（1）自己実現の基本概念

　自己実現という表現については、現行の高等学校学習指導要領の総則の中に、「生徒が自己探求と自己実現に努め……」と述べられている。この自己実現という表現が記載された経緯は、昭和60（1985）年に臨時教育審議会の「教育改革に関する一次答申」における「個性重視の原則」が導入され、これまでの教育の画一性、硬直性などを打破して、個人尊厳、個性の尊重、自由・自律、自己責任の原則を確立する必要があるとすることに起因している。各個人はそれぞれ独自の個性的存在であることから、真に自らの個性を知り、それを育て、それを生かし、自己責任を貫くものが最もよく他者の個性を尊重し、生かすことができるからである。こうした個性化の教育が自己実現への過程につながるものとして、個性重視の教育は自己実現への道であると理解することが

できる。

　この「自己実現」が教育においては個性化の過程と深く結びついていることを理解できるが、どのように捉えられているかが問題である。A.H.マズロー（Abraham H.Maslow1908－1970）の自己実現（self-actualization）についての人間の欲求階層説（hierarchy of needs）をみることができる。A.H.マズローは自己実現の定義として、「自己実現とは才能、能力、可能性の仕様と開発である」[注5]と述べている。そして、自己実現は生涯にわたるダイナミックな活動の過程ではなく、事柄の究極的あるいは最終的な状態、すなわち目標にいいかえれば生成より存在とみられる傾向であり、主に老齢者だけにみられるものであるとしている。自己実現は、原理的には容易であるとしても、実際には、ほとんど起こるものではない（私の基準では大人の人口の１パーセントにもみたないことは確かである）としている。

(2) 自己実現の欲求階層説

　自己実現は人間の生涯におけるダイナミックな活動ではなく、事柄の究極的あるいは、最終的な状態であり生成より存在であるとされている。しかし、最終的な存在として自己実現が位置づけられているが、人間は、本来の性質からして自己を実現する傾向を有するものであるから、自己実現する人は、特殊な人に限られるものではなく、一時的ではあるが、ある程度まで万人にみられるものであり、人間が欲望を有する限り、自己実現に向けて努力するものといえる。

（注5）フランク・ゴーブル（Frank G.Goble）著、小口忠彦監訳『マズローの心理学』、産業能率短期大学出版部、1980年、36頁

〔図7-1〕A.H.マスロー 欲求の階層説図

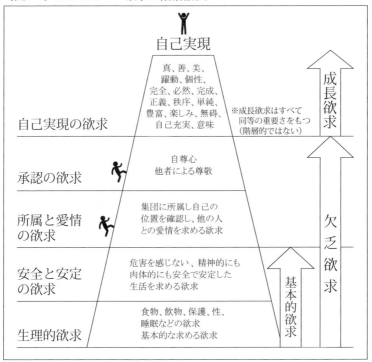

　A.H.マスローは、人間の価値は人間の欲求から生じるものであるとして、自己実現への「欲求階層説」において、人間の本質欲求は「欠乏欲求」と「成長欲求」から構成されている。〔図7-1〕に示すように、欠乏欲求は一般的な欲求概念に見られる"求める"欲求である。

(a) 生理的欲求

　人間の、食物、飲物、保護、性、睡眠などの欲求からなるものであり、基礎的な求める欲求である。また、空腹が胃だけではなく人間自身であるように、単に身体的なものだけでは

なく、むしろ精神的なものある特徴を持っている。

(b) 安全と安定の欲求

人間は個人的・社会的生活において、危害を感じない、精神的にも肉体的にも安全である居住環境に生活を望み、また、一定の秩序のもとで激しい変化のない安定した生き方を求めるものである。

(c) 所属と愛情の欲求

人間の生存においては一人の孤独よりなんらかの集団に所属することによって自分の位置を確認することが必要であり、また、他の人びととの愛情関係にあることを求めるものである。

(d) 承認の欲求

人間が生きることの、なんらかの目標に向かう個人・社会生活において、十分な自己承認を持っている人は、より自信があり、有能で生産的である。そうでなく、自己承認が不十分な人は、劣等感を持ったり、無力感を抱いたりして、その結果、絶望したり神経症的な行動を取るようになる。若者のフリーター、ニートといわれる人びとにそうした傾向がみられる。

以上のこれらの欲求は人間の求める欲求とされるものであり、〔図7－1〕にみられるように、最低位の生理的欲求から順次高位の欲求へと進み、承認の欲求が満たされた段階ではじめて「欠乏の欲求」から解放され、自己実現に向けた「成長欲求」へと進むことができるのである。

そして成長欲求は、人間をして、人間たらしめるような本質的な価値の欲求であり、人間をさらに安全な存在に向かわせる欲求

である。この成長欲求は欠乏欲求を構成する階層的欲求が満たされ、満ち足りた状態でみられる欲求である。A.H.マスローは、「真に自由な選択の場におかれると、成熟を遂げた健康な人は、真・善・美を高く評価するだけではない」[注6]と述べ、人間は成長欲求の段階では、自己の充実したエネルギーを他に表現し、他に分かち与えたいという欲求として、何かを創造し、経験し、愛し、成し遂げたいという「与える欲求」である。この与える欲求こそ人間の自己実現しようとする本質的な傾向としてとらえられ、才能、能力、可能性の使用と開発に向かわせるものである。

(3) 進路指導と自己実現

　教育の人間形成という目標において、自己実現は「個性化過程」を重視したなかで、「人間の才能、能力、可能性の使用と開発である」という定義からみて、教育が、本来的に人間性と真理に根をおろし、人間一人ひとりに与えられている無限の可能性を開発し、人間性を調和的に成長させるとともに真理を教える営みであるとするロジックと一致している。こうした観点から、教育の究極的な目標が自己実現にあるならば、自己実現の実現化のプロセスはどのように捉えられるのであろうか。このことについて、A.H.マスローは「真の自己の発展あるいは発見、および実在している能力の発展を意見する」としている。この中にみられる"自己の発展あるいは発見"ということは、自己実現の実現化のプロセスでの「自己の探求」を意味しており、高等学校学習指導要領の総則にみられる「自己探求」と同じ意味であるとみることができ

(注6) 上田吉一著『人間の完成 マスロー心理学研究』、誠信書房、2003年、46－58頁

る。

　次に、教育における、自己実現の実現化のプロセスについて、教育の学び方であるが、A.H.マスローの考え方によれば、「教育とは成長するように学ぶことである」、「教育はすべて基本的な人間欲求を満たし自己実現を可能にすること」、「教育において根本的に効果的なのは、普通のコアカリキュラムではなく、教育の基本として自己同一性、つまり自己の真の願望や性格を知り、それを表現する形で生きることを学ぶことである」などとしている。つまり、教育の基本においては、成長しようという人間の欲求が前提となっているものであるが、その前に欠乏欲求が満たされていなければならない。たぶん、動物は欠乏欲求のみを持つものであろうと思われるが、人間は欠乏欲求が満たされた後に自己を実現しようという成長欲求を持つに至るもので、動物とは欲求構造が異なっている。しかし、この欲求構造において、欠乏欲求がどう満たされているかによって自己実現の現実化のプロセスは異なってくる。つまり、欲求の階層的配列の原理はどの年齢にも当てはまるのであるが、18歳未満の高校生一人ひとりが、「自分はどこに向かおうとしているのか」、「何を人生における目標としているのか」、「何によって自分の才能、能力を生かそうとしているのか」、「何をもって価値ありと感じようとしているのか」、「何を善いこととし、何を悪いこととしているのか」などを欠乏欲求の段階でどのように探求できるかにかかっている。

　今日の教育を取り巻く環境は、個性重視の原則に基づく自己実現を目指しながら現実の大きな流れとしては、学歴社会、偏差値偏重、受験競争、画一的詰め込み教育、家庭教育の機能低下、地域の教育力の低下などの問題があり、また、教師の一部には指導力の不足や人間性の魅力に欠け、使命感に乏しい教師が存在し

ている。こうした厳しい環境の中で自己実現に向けた歩みとして、健康な人間として欠乏欲求を満たし、自己実現の成長欲求に至るには容易ではない。いわゆる欠乏欲求を構成する低次欲求から順次に高次の欲求に至るなかで、現実に欲求を満たすために乗り越えなければならないいくつかのハードルが存在している。

実際の進路指導におけるA.H.マスローの欲求階層説の理解の仕方としては、次のようなそれぞれの観点から捉えることができる。

「**生理的欲求**」については、生命の維持・成長に欠くことのできない食物、飲物、睡眠、保護などが満たされていることが必要とされるが、一部に家庭機能低下により十分満たされていない人びとは欲求が満たされることを望んでいる。

「**安全と安定の欲求**」については、学校・家庭・社会などの生活のなかで恐れを感じることなく、喜びを選び、これを好むことができるほど十分に安全を感じ、自己を受容できるものでなければならない。校内暴力、いじめ、家庭不和などは欲求を満たす妨げとなる。また、喜ばしいと認められる経験を選ぶことができるような安定した状態を望むものである。

「**所属と愛情の欲求**」については、人間が孤独であることは不安と恐れを抱くものであり、何らかの集団に所属することによってし、喜ばしいと認められる経験を選ぶことができれば前へ進むことができ、自己のうえに確信、有能、自信、自尊の信条をもつことができるもので、所属への欲求を望むものである。また、人間が生きるうえで愛情の渇望は、塩分不足やビタミン欠乏症が身体におよぼす病気を誘発するように、愛情の欲求が満たされないと挫折や自暴自棄の状態になる。精神が健康であるためには愛情の欲求が満たされることを望むものである。

「**承認の欲求**」については、自分自身を相当な存在であるとし

て、自信、能力、有能、熟達、自立など自尊心を望み、また、他から承認される欲求として名声、表彰、注目、地位などの欲求がある。この自己承認が十分である人間はより自信があり、成長への希望を持ち活動に誇りを持っている。しかし、自己承認が行われていない人間は劣等感や無力感を抱き、絶望したりして成長への欲求に進むことはできない。

　現在の成熟社会といわれる状況においては、多くの人びとは<u>生理的欲求</u>は満たされ、また<u>安全と安定の欲求</u>において、現在の社会システムの整備や個人的警備の備えから生存に関わる恐怖や不安等を避けることができるけれども、社会の変化や生活環境の変化などから安定の欲求は十分満たされていない側面がある。しかし、人間の生存における基本的欲求とされるこの二つの欲求はほぼ満たされているとみることができる。次の<u>所属と愛情の欲求</u>については、満たされていない人びとがかなり存在しているとみることができる。つまり、文明の発達した現代社会では、都市化、核家族化、地域の過疎、過度の受験競争、高学歴化などから集団の一員としての位置を占め、人としての絆を強く、愛情を感じる欲求を満たすことが難しくなっている。高校生の挫折、無力化、自暴自棄になる者は、この所属と愛情の欲求が満たされていないことによるとみることができる。

　次に、欠乏欲求の最終段階にある<u>承認の欲求</u>は、これが満たされることによって次の自己実現に向かう成長欲求へと進む重要な欲求である。人間、誰しも自分自身の個性、才能、能力、適性を評価してもらい、その存在を認めてもらうことを望んでいる。例えば学校での学業成績が悪いといってその人間の人格まで否定されることはやる気をなくさせてしまう。逆に学業以外の人間的に

誠実であるとか、思いやり、才覚があるとかなど良い面が少しでも評価されることによって自尊心が称えられ、自己の実現に向けた成長欲求へと進むことができる。つまり、この承認の欲求の段階で自尊心を持ち、他者から自分自身を相当な存在であると承認される欲求が満たされることが必要である。

4．進路選択と進路指導

(1) 大学の大衆化と高学歴社会

　今日、懸念されていることは、受験競争が過熱し、教育が偏差値偏重、知識偏重となり、学歴偏重の社会的風潮が蔓延し、有名一流校、有名一流企業、高級官僚等のルートを歩むことを目的に学歴獲得競争が展開されている。その弊害として、初等中等教育段階ではいじめ、不登校、校内暴力などが発生し、高等教育段階では、学びの世界から働く世界への移行に際して、就職浪人、フリーター、ニートなどの発生がみられるという批判である。

　こうした現象を生み出している要因は、社会・経済的変化によるものもあるけれども、教育サイドに大きな原因があるとされ、その最たるものが学歴偏重志向における過度の受験競争であるといわれる。なぜ、学歴獲得競争(大学等高等教育)が激しく行われているのか、という問いは、まだわが国の社会的風潮として、学歴が職業生活や社会生活に大きな作用を及ぼす学歴社会のため、多くの人が有名大学、有名企業等のコースを歩むことを望み、将来の豊かで安定した生活が可能となる期待感が存在している。そのため、高校教育段階から人間の資質・能力について知的偏差値の側面が重視され、多くの人は偏差値の高い普通高校をめざして進学し、さらに有名大学への進学をめざして激しい受験競争が展

開されている。

　この大学等への受験競争(主に一般受験)については弊害のみが強調されているが、数字的には大学全入時代を迎えているが、有名大学については激しい受験競争が展開されている。この激しい受験競争に参加している人は、受験に際しては、ファイティングスピリットとセルフコントロールが不可欠である。この二つの要素を体得することは人格形成に大きく作用し、将来における社会生活や職業生活において成功へと導く大切な要因となっていることである。それゆえ、厳しい受験競争は一概に悪であるということはできなく、むしろ大学全入時代において、受験多様化のもとで安易に苦労することなく大学等に入学している人の方が社会や職業への適応力が劣っているといえる。こうした観点からの進路指導のあり方について考える必要がある。

(2) 進路選択と受験キャリア

　人間は長い人生において、いつ、どこにおいても、何らかの競争と評価は避けられないものであり、競争と評価があるからこそ人間は自分の資質や能力・適性を開発させることに繋がるものである。

　いま、人間の生涯にわたる学習面をライフステージ別にみるとき、幼児期から青少年期、さらに成人期・高齢期における多様な学習の時期がある。そして、これらのライフステージの発達段階別における学習の機会に際して何らかの関門とされる競争を経験することが求められる。

　この青少年記に経験する「受験競争」を主に高校受験、大学受験などにみるとき、そこに最も熾烈な競争が展開されている。なぜか受験競争といわれる要因の一つは、人間の欲望から来ている

ものであり、一流大学、一流企業へ階段を登ることを目指していることである。今日はこうしたとらえ方はストレートに受け入れられない社会・経済情勢にあるけれども、大多数の人々が取る動向である。いま一つは、今日、「知識基盤社会」の到来といわれるように学歴社会である。学歴がすべてではないことはみんな分かっているけれども、現実のあらゆる分野にみる職業・地位をみるとき学歴が一つのパスポート的役割を果たしている現象がみられる。われわれが生活する資本主義を前提とした近代社会では一貫して進歩を疑わず、競争と成果を求め、そのために科学技術の進歩と技術革新による経済社会の発展と人間の幸福が約束されると多くの人びとが信じている。戦後60余年経てもこれがジャパニーズ・ドリームとなって受験競争が展開されている。

　受験競争が偏差値重視の詰め込み教育とされ、受験競争によって生じる弊害のみに目が向けられ、生徒の非行、不登校、中途退学等が問題とされている。こうした教育のゆがみの部分の発生は、本来、人間の多様性から必然的に、あるパーセントは発生するとされるものであるが、しかし大多数の生徒は目標をもち、よい人間になるため、自己の成長や充実のために、健康な精神のもとで最大の学習経験を積むために励んでいるのである。

　こうした健康な精神のもとで学ぶ生徒に対して、いかに自己実現に向けた学習経験を積ませ、「完全なる人間」[注7]になるように仕向けるかが大切である。こうした観点から人間主義的心理学(humanistic psychology)の立場をとるA.H.マスロー（Abraham H.Maslow、1908－1970年）は自己実現という概念を確立し、

（注7）アブラハム・H・マスロー著、上田吉一訳『完全なる人間』、誠信書房、2009年

人間には自己を実現しようとする欲求を本質的にもっており、歴史的にすぐれた人物を研究しても、それらの自己実現した人びとは常に受容的で、自主性に富み、愛情深くかつ創造的であることを見い出している。そして自己実現に向かっている人は自分の潜在能力を発揮し、意義ある生活を送ることができる存在である。つまり、人間主義的心理学の立場からフロイト主義にみられる"病気を治す手助けをする人"というよりはA.H.マスローは"人々の自己実現を助成する人"と考えている。したがって「治療」とか「患者」という概念を嫌っており、いかに人間の本質的傾向である自己実現の欲求を実現するにはどうすればよいかを考えているのである。

この「受験競争」の弊害についても、A.H.マスローの人間主義的心理学の立場から考えると、受験競争によって生じる弊害とされる非行、不登校、退学などの生徒への対応としての対策・治療だけでなく、健康な精神のもとで自己実現を目指す生徒に対して、いかに自己の潜在的能力を発揮し、意義ある生活を送ることが出るかということを助成することが大切であると考えられる。これがこれまでの生徒指導や進路指導の観点が、おちこぼれ、不登校、非行、退学などをいかに少なくするかという治療の視点が強くみられたところであるが、受験競争がもたらす「よい面」もあることを知らなければならない。

第1に、受験競争は、人間の資質基本的欲求である成長志向(growth oriented)にもとづくものであり、自己を向上させ、関心を自分自身よりも存在の本質的なものへ志向するもので、自己を実現するために何かを成し遂げたいという欲求にもとづくものである。したがって、受験科目を正確に学ぶことによって生涯において必要とされる基礎的知識を習得することが可能である。

今日の大学等への入試の多様化が進んでいるけれども、国・公・私の難関大学・学部・学科に進学する主な方法は、(ア)大学入試センター試験を経て本試験に臨む場合、(イ)大学入試センター試験を経ないで本試験に臨む場合、(ウ)推薦入試等で本試験に臨むことなく入学する場合、などが考えられるが、厳しい「受験競争」といった場合は(ア)と(イ)の一発勝負の場合を指している。この場合、第1には受験生は自分の目標とした大学等に向けて「厳しい自己管理(遊びたいとか趣味に没頭するなどの欲望を制御してひたすら健康に留意するなど)につとめ、来たるべき試験のために持続したファイティングスピリットを持ちつづけて受験勉強に励まなければならない。高校生であれ予備校の浪人生であろうと、長い期間挫折することなく耐えて目標を達成するまで勉強を続けなければならないのである。いわゆる忍耐を情熱のもとでの生活を強いられているといってよい。

このように目標達成のために求められる持続的なファイティングスピリット(fighting spirit)と厳しい自己管理(self control)におかれている生活は、現役の高校生や浪人生はさぞかし灰色の生活、苦痛にみちた生活であろうと推察する人が多い。果たしてそうであろうか、難関大学目指して、現役で失敗し1年間浪人生活をして見事志望大学・学部・学科に入学したある受験生に聞いてみたことがある。(既述)大学生活を1年経過したときであったが、「これまでの生活で一番充実していたときはいつでしたか」の問いに対し、予備校の浪人生活をしていたときであるという答えが返ってきた。みんながそうでないかも知れないが、今日のように厳しい受験競争を経験しない多くの人は、浪人生活をしている受験生の生活は灰色で苦痛の生活であろうと思いがちである。しかし、実際は受験生本人は充実した生活であったという。

それは何故であろうか、という疑問がわいてくる。この点に関してA.H.マスローは「人間の行動を理解しようと思えばわれわれはその人の感情、願望、希望、抱負を考慮しなければならない」また、「人がなるところのものにますますなろうとする願望、人がなることができるものなら何にでもなろうとする願望」であるとし、こうした欲求は単に身体的なものではなく、むしろ精神的なものであるという。受験生活は人間の本性にもとづいた欲求を満たしているのかも知れないのである。

　いま一人の受験生のケースは、厳しい受験競争を経ないで、私立大学附属の高等部へ推薦入学し、さらに他の私立大学の医学部へ推薦入学した生徒に対し、受験競争は苦痛の日々の連続であったかとの問いに対し、受験勉強は推薦を目標にしていることから履修している科目についていかによい成績を上げるかの努力は必要であったが厳しい緊張はなく切迫感や強い感激はなかったという。その医学生は、いまにして思うことは、厳しい受験競争を経て難関の国公立大学へチャレンジして自分の力を試してみたかったという答えが返ってきた。人生の厳しい現実のなかで、ついつい安易な道を選択する癖があるという。

　こうした人生の体験について、A.H.マスローは「人間の欲求不満や苦痛や危険の完全な欠如もまた危険であることをわれわれは知っている。強くなるためには、人は欲求不満、忍耐、つまり、物理的現実を人間の願望とは根本的に無関係のものとして見る能力とか、人を愛し、その欲求の満たされるのを自分のことのように喜ぶ能力を体得しなければならない」[注8]と言っているように、

（注8）アブラハム・H・マスロー著、上田吉一訳『完全なる人間』、誠信書房、2009年、253頁

厳しい受験競争は人間の成長の過程や人格形成に大きな影響力をもっているものといえる。

　第2に、受験競争における大学入試センター試験や一般入試に際しての受験勉強は国・数・英などの厳格な学習による基礎知識を正確に習得することは、大学に学ぶ場合や生活していく上で非常に大切なことである。昨今、大学で高校の履修科目について補習授業をしているところがあるということは、入試の多様化に伴う推薦入試やAO入試などで厳しい受験競争をしていない学生が多く大学へ入学しているからであろう。

　第3に、受験競争に求められる。ファイティングスピリットや厳しいセルフコントロールはいかなる職業についても、人間が人生を歩いていく上で基本となり、また自己実現の達成に欠くことのできないものである。A.H.マスローは、「人間は、世間から、いろいろ貴重なことを学びながら有為な人間に成長していくわけである。その過程において自己管理（sefl control）を十分行い、自らを滅ぼしてしまうようなことがあってはいけない」と述べている。人間が自己実現するためには、自己の潜在的能力、可能性を実現することであり、才能、能力の使用と開発・活用である。そのために、「われわれは、また、自己を極度に張りつめ、勇気を持って挑戦と苦難を乗り切り、時に失敗を重ねさえして、自己の力とその限界を知り、自己を伸ばそうとする。大いなる闘いのうちに大いなる喜び(至高体験)があるもので、この経験が自己の実現の欲求を満たすものである。そして実際の達成や成功、それに伴う現実の自信に裏づけられた健康な自尊心のために最善の方法である」とされる。つまり、受験競争に打ち勝つことは自己実現への基礎を培うことにつながるものであり、その過程におけるファイティングスピリットと厳しい自己管理は、その後の環境に

もよるが、生きがいのある職業・仕事につき充実した人生を送るためにも欠くことのできない要素である。それはまた、生涯においても強いファイティングスピリットと持続的なセルフコントロール（自己管理）を持つことは勉強の分野だけでなく、生活や職業・仕事の分野においても、人間の最も大切な徳性ともなり、これらを受容することによって自己実現への道を歩むことができるのである。

(3) 進路選択と個性・適性

　受験競争が学校教育においていろんな弊害をもたらしているのは事実であるが、人間の多様性からくる生き方はまた千差万別である。

　厳しい受験競争に参加する生徒は、高いハードルを飛び越えるために画一的、没個性的、硬直的な教育・指導といわれながらも、ただひたすら目標達成に向けて、ファイティングスピリットと厳しい受験競争セルフコントロールのもとで高い偏差値を目指して努力している姿も一つの生き方である。こうした生き方に対し、個性の尊重や自由・自律の理念、自己責任の原則などを重視した生き方である。すなわち、個人はそれぞれ独自の個性的な存在であることから、自己の個性を知り、それを育て、それを生かし、何らかの使命・役割を自己責任のもとで果たそうとする生き方である。それゆえ、自由・自律を重んじて形式より内容が尊重され、学歴や偏差値の高低ではなく、資質・能力は豊かな創造性や表現力、行動力などを重視する生き方である。

　われわれは高学歴に恵まれないにもかかわらず大いなる功績をなした人びとは、入学試験とは別のところで、自分の才覚や先見性、実行力、特性などを発揮し、それぞれの人生に挑戦し、厳し

い自己管理を行い成功した多くの人びとを見ることができる。

　しかし、今日では、芸術・文化の領域は別として、知識基盤社会の到来といわれるように学歴社会は進んでおり、そうした社会情勢の中にあって際限なく個性重視の生き方を進めていくと、社会的規範の軽視や難儀なことより安易な道を選択した生き方を求める傾向がみられ、苦難と悩みを経たのちの感動や快感の欠如した生き方となって人生への真剣な取り組みが行われない場合も生じてくる。いま、若者(15～34歳) に見られるフリーター、ニートなどにみられる生き方である。A.H.マスローは「欲求不満や苦痛や危険の完全な欠如もまた危険であることをわれわれは知っている」というように、特に成長期にある若者にとって苦痛、悩み、難儀などの経験がいかにその後の人生にとって大切であり、それらを乗り越えることがいかに大切であるかを知らねばならない。

　キャリア教育において大切なことは、哲学者であるカント(I.Kant、1724～1804年) は「人間は教育によって人間になれる」といっているように教育は人間形成に大きな影響力を持っている。今日の教育基本法とそれに関連する法令・規則にもとづいて教育が展開されているが、教育は社会と対応し、社会の変化とともに自らを変革するものでなければならなく、現在の社会・経済の発展と変化に対応して新しい教育のあり方が求められているのである。つまり、今日の時代に見られる特徴はグローバル化、経済のソフト化、サービス化、IT化、知識基盤社会の進展、価値観の多様化、個の生き方の尊重などがあげられており、人間の多様な生き方が求められている。

　グローバリゼーション（globalization）は現在の情報通信技術の発達にともなうインターネットの普及やデジタル技術の進歩は

国境を撤廃して人・物・サービスの交流が活発化するとともに、国家の枠を越えて政治・経済・文化・娯楽など相互依存関係が強くなっている。また、経済のソフト化・サービス化はボーダーレス経済とともに産業構造の変化をもたらし、産業の就業者構成比（2015年）は、第1次産業3.6％、第2次産業24.4％、第3次産業70.0％となっており、著しいサービス化がすすみ、仕事がサービス業化し、労働もサービス・ワークスが増大しつつあることが分かる。次に、知識基盤社会（knwoledge-based society）への移行は大学、短大、高専、専門学校への進学者76.9％（2014年）に増加し、高学歴化が進んでいるけれども、高度な専門的知識を持った人々を雇用できる受け皿は小さく、雇用と労働力のミスマッチが生じ、フリーターやニートといわれる若者が増加する要因ともなっている。次に生き方の自由・多様化は、今日の個性重視の生き方は自由の拡大を求め、自己のあり方を中心にして、社会からいろんな財・サービスを享受して生活しているにもかかわらず、社会に果たす使命感や役割についての意識が希薄になっている。次に、情報通信技術（ICT：information and communication technology）の発達は生産のSCM（supply chain manegement）、アウトソーシングなどのシステム化を促進し、経済構造を変化させるとともに、働き方や働く人びとの価値観や意識を変化させ、さらに、働く人の新たな資質（employability）を求めている。

以上のような諸々の変化の中にあって、教育は個性重視の原則のもとで「生きる力」を育むことが強調されている。また、教育の指針となる「学習指導要領」(高等学校)において、その総則のなかで「生徒が自己探求と自己実現に努め、国家・社会の一員としての自覚にもとづき行為しうる発達段階にあることを考慮し、人間としての在り方や生き方に関する教育を学校の教育活動全体

を通じて行う……」と記述されている。このなかで特に注目されるのが「自己実現」である。前述した通り、自己実現とは、才能、能力、可能性の使用と開発であり、人生のキャリアを経験するなかで達成されるものである。したがって、人間の欲求にもとづく生きる目標である。

　自己実現（self actualization）は人間形成の究極目標であるけれども、児童・生徒が教育の段階で自己実現に努めることの意味はどのようにとらえたらよいのかの問題がある。

　それゆえ、自己実現とはどのようなことをいうのか、自己実現をした人とは、どのような人間を指すのか、自己実現への道すじやプロセスはどのようなものなのか、といったことが理解されなければならないのである。

　A.H.マスローは人間の基本的欲求理論を展開し、欲求には「欠乏欲求」（deficiency need）と「成長欲求」（growth need）があり、自己実現への道はこれらの欲求に依拠している。欠乏欲求は、「生理的欲求」「安全と安定の欲求」「所属と愛情の欲求」「承認の欲求」など個人がその欠如状態におかれたとき、欲求が感じられ、また、この個人に欠乏するものが外部から与えられたとき満足感を覚えるものである。つまり、これらは基本的欲求であり、生理的欲求からはじまり、一歩一歩上位の欲求が満たされることによって高次の欲求が発現する。これに対し、成長欲求は基本的欲求の階段を一つ一つが満たされた後に生まれる欲求であり、満ち足りた状態で見られる欲求である。それゆえ、成長欲求は、何かを創造し、経験し、愛し、成し遂げたいという欲求であり、自己の充実したエネルギーを外に表現し、他に分け与えるという欲求である。それゆえ、欲求の階層（hierarchy of needs）の最上位に表れるものであり、この成長欲求こそが自己を実現しようと

する本質的な欲求であると位置づけている。

　学習指導要領(高等学校)の総則に見られる「自己実現に努め、国家・社会の一員としての自覚自覚にもとづき……」と記述されている意味は、おそらく自己実現とは、自分の中に潜在している才能、能力を開発し、発展させ有為な人間になることに努めるという一般的な事柄としてとらえているようである。しかし自己実現は、多くの心理学者やA.H.マスローの欲求理論にみられるように、人間の基本的欲求（欠乏欲求—生理的欲求、安全と安定の欲求、所属と愛情の欲求、承認の欲求）が一段一段満たされたのちの成長欲求の段階に至って実現できたと人びとをいうとしている。

　そして、基礎的欲求が充足されることによって上位の欲求による行動が発動するという欲求階層説は、健康な精神の個人を成長の方向に導く方法ともいえる。この原理は生涯のどの年齢にも当てはまるもので、生涯において至高体験（人生のうちで最も感動を覚えた瞬間で満ち足りた喜び）の体験のうちに見い出すことができるもので、ある程度まで万人にみられることであるとしている。つまり、自分は何を喜びとしているのかをみる能力を取り戻すことが、成長期の児童・生徒だけでなく大人になっても自己を再発見する最善の方法でもあるといわれて評価されているのである。そうした意味から、自己実現は人格としての最高度の発現、したがってまた人間形成の究極目標としてとらえられることから教育的意義があるといえるものと思われる。

(4) キャリア教育と「生きる力」

　現在の学習指導要領では新しい教育理念として「生きる力」を育むことがあげられている。この「生きる力」は変化のはげしい

これからの時代に生きていく子どもたちに身につけてほしい力であるとして、①自分で課題をみつけ、自ら学び、自ら考え、主体的に判断し、行動し、よりよく問題を解決する資質や能力、②自らを律しつつ、他人とともに協調し、他人を思いやる心などの豊かな人間性、③これらの資質や能力などを支えるための逞しい健康や体力、などが示されている。

　ここに示されている「生きる力」はまさに知識基盤社会の到来をベースにした知・徳・体のとらえ方である。しかし、人間の生きる力とは、知識や技術を基盤とした問題解決能力や協調性なども大切であるが、端的にいえば「無人島に漂着したとき、どうやって生きるか」の問いであり、まず人間の生命の維持である。生命を維持するためには食べなければならない、食べるためには働かねばならない（獲物をとるなど）。生活するために衣食住に関わる物財を用意しなければならない。つまり、人間が生きていく場合の根本的なことは何かということが問われなければならなく、それは、「働くこと」である。今日の文明社会においても人間が生きていくためには「働くことの」が前提となっているものであり、それはプロテスタンティズムの倫理、すなわち「働かざる者は食うべからず」という原理であり、それは「生きることは働くことである」という意味にとらえることができる。また、「人間はパンのみにて生きるにあらず」ともいわれる、人間の精神文化の豊かさも必要であるけれども、その前提となる生きるための衣食住に関わる基礎的必需品がなければならなく、それらを得るためには働かなければならないのである。

　今日のわれわれの社会生活は高度に発達した科学技術、産業経済、金融サービス、芸術、文化などのもとで成り立っていることから自分一人ぐらい働かなくとも大丈夫と思っている人が少なか

らずいるかも知れないが、社会の豊かさに伴う人間の欲求や願望を抑制する学問でも出現しない限り、人間の欲求は、高度に発展した経済社会の要請との妥協は難しくなることが予想される。いまこそ経済発展によってもたらされた豊かな社会に欲望の充足に心を奪われて、精神的荒廃を招くなかで、「生きることは働くことである」という職業観・勤労観を忘れることなく、社会に対する使命と役割を果たす責任ある生き方をする認識をもつ必要がある。

(5) 進路指導と教育の適時性・継続性

　生涯学習機械の観点から初等中等教育段階では基礎・基本の徹底、自己教育力の育成、教育の適時性に配慮することが重要である。

　人間の生涯にわたる学習にはライフステージ別に多様なかたちで教育が行われる。高校教育段階の教育は、すでに小学校、中学校の少年期における教育の上に継続して行われるものであるが、中学校・高校段階の教育は学校教育法に示されているように、ある意味で最も重要な心身の発達期ともいわれ、豊かな人間形成の基礎・基本を培う時期であるとともに、将来の職業選択に関わる進路選択を行う大切な時期である。

　高校段階の教育は中学校における進路選択を経て、普通高校（普通科）及び専門高校（職業学科）への進路が選択され、その連続性・適時性にもとづいて教育が行われている。この進路選択において、問題視されるのは、人間の多様性にもとづく適性・能力が生かされているかどうかの点である。とかく普通高校や専門高校への進路選択においては、知的偏差値が重視され、人間の多様性にもとづく適性・能力、興味・関心といった要素が軽んじられ

て学校選択が行われている傾向があることである。普通高校（普通科）及び専門高校（職業学科）はそれぞれの教育目的のもとで教育が行われており、普通高校は大学・短大・専門学校等に継続した教育が施され、その後に社会的・職業的自立への道を歩むことになることから、大学等の入試には偏差値が重要な意味を持つことは当然である。問題は専門高校（職業学科）への進学に際して、大切な要素は適性（職業）・能力、興味・関心や人間的偏差値（個性値ともいう）といわれる先見性、才覚、機智、勇気、実行力、誠実さなどの側面が考慮されているかである。

　教育は人づくりの営みであるが、よく例えられるのが、「植物の種子が芽を出すか否かは、発芽に必要な条件が整っているかどうかによるところが大きく、また、発芽しても成長していくためには、適切な土壌や環境条件のあり方によって大きく影響を受けるものである」といわれる。人間の教育においても個性重視の原則にもとづき、職業（商業）に適する職業適性・能力と高い人間的偏差値を有しながら、教育環境によって生かされていない場合があるかも知れない。特に商業教育において、商業・ビジネスを早期にライフステージに学ぶことは、教育の適時性（インプリンティング）・継続性によるところが大きく、将来の商業人として財を成した、歴史上の「豪商」といわれた人を見るまでもなく、15歳段階から教育の適時性にもとづく商業・ビジネスに関する学科で学ぶことは、やがて将来、植物の種子が商業という土壌で発芽し、大きく成長していくことが期待できるのである。今日の普通科志向の強まりのなかで、商業・ビジネス教育の振興は大切な側面を有している。

あとがき

　本書の目的は、マチュア・ソサエティ（mature society：成熟社会）へと変容する今日の社会・経済において、商業・専門高校の教育がかかえる問題について、歴史的・伝統的な商業の原理・原則・方法を踏まえながら分析し、どうしたら衰退から脱却し、現代社会のなかで商業・専門高校の教育が有意義な存在となり、貢献できるかを問うたものである。

　戦後70年が経ち、新教育制度が施行されて68年になり、わが国のGDP（国内総生産）が525兆円（2014年・実質）に達し、戦後の復興・再建をへた昭和30（1955）年のGDPが43兆円（実質）であった時代と比較すると12倍で国民生活は飛躍的に豊かになっている。こうした経済的繁栄は所得水準の上昇による物的豊かさとともに、生活の欲求の拡大がすすみ、なかでも教育的欲求の拡大が著しく、高校進学率98％、大学等高等教育機関76.9％に達するなど教育の地殻変動が起こっているとともに、雇用問題やキャリア形成、勤労観・職業観など多くの分野で変化が生じている。フランスの経済学者トマ・ピケティ（Thomas Piketty）は、著書『21世紀の資本』の中で、経済の成長が長期的に生活水準の大幅な向上をもたらすことはまちがいなく、また社会的格差を生み出すことを指摘している。この格差の発生は富の分配をはじめ、社会のいろいろな分野に生じるものであるが、教育についても「高校卒業証書」は、今やかつての小学校卒業証書並みの意義しか持たず、大卒でもかつての高卒と同じ扱いになっていると指摘している。

　翻って、わが国の教育の現状についてみると、高校進学率、大

学等への進学率は高く、偏差値偏重の教育が展開するとともに、学歴志向が強まり、そのために普通高校から大学等へのルートが主流となり、大学等への進学において不利とされる職業の専門高校への進学者は質的に低下し、量的にも減少している。こうした教育の地殻変動が起こっていることから、高校・商業教育においても魅力を失い、衰退しつつあるのが現状である。この状況を打破していくためには、商業の原理・方法の特質について再認識する必要があり、それは単に商品の販売（製造も含む）をして利益を得ることを目的にしているのではなく、かつての歴史上に名をはせた豪商の足跡は商売に成功するとともに、社会の近代化に著しい貢献をした足跡を思い起こすことも必要である。豪商という言葉は現代でも生きており、商人としての才覚、人間性の陶冶などに優れている人物を指している。セブン＆アイHD会長・鈴木敏文氏は、商業（小売業）に働く人間にとって大切なことは、知能指数の高い人よりも、仕事術に長けた知恵、才覚、熱意のある人であるといっている。商業・専門高校はそうした人材を育てることを自負できる教育を行っているものである。また、地方創生が地域活性化する重要な施策になっていることから、その担い手として、創意工夫、行動力、熱意などを持った起業家が待望されており、商業の専門学科に学んだ実践的人材の活躍の場が生まれつつあることから、地域の振興・発展に尽くすことを期待されている。

　最後に、商業は人間の生活という大地に芽生え、深く根を下ろした大木であり、人間の生活がある限り絶えることはない。何世紀にもわたる商業の営みは人間の生活を向上させ経済の発展に寄与してきたことを記憶にとどめ、苦難の続く商業教育の現代化に向けて、現在、高校・商業専門学科の教育に携わっている有為な

教師に託すものである。

　おわりに臨み、本書の出版に際し、積極的なご協力と多大のご厚情とご支援をいただいた（株）野島出版会長馬場信彦氏、編集部坂井正毅氏に対して心から深く感謝を申し上げたい。

索 引

[アルファベット]

BTO ……………………………………………………………………………… 153
CAD ……………………………………………………………………………… 107
CAM ……………………………………………………………………………… 107
CVS ……………………………………………………………………………… 84,151
EOS ……………………………………………………………………………… 146
EQ ………………………………………………………………………………… 220
FA ………………………………………………………………………… 50,106,107,129
GDP ……… 46,48,60,61,66,85,87,88,112,115,116,143,147,171,202,248
IC ………… 18,29,33,34,38,50,52,78,106,118,123,128,142,146,148,242
ICT ……………………………… 18,29,33,34,38,52,78,118,142,146,148,242
IQ ………………………………………………………………………………… 219
IT
　　　　5,13,16,24,39,52,82,84,87,108,109,110,131,136,142,143,145,
　　　　155,156,158,160,164,167,170,171,210,218,241
IoT ………………………………………………………………………………… 15
LAN ……………………………………………………………………………… 50
LSI ………………………………………………………………………………… 50,106
ME ………………………………………………………………………………… 106,107,129
OA ………………………………………………………………………………… 50,106,107,129
PB …… 18,19,29,52,54,55,57,70,93,117,118,137,149,150,151,157,170
POS ……………………………………………………………………………… 54,107,152,157
SCM ……………………………………… 16,38,93,108,110,111,144,149,151,242
SPA
　　　　13,15,16,38,41,51,52,54,55,57,70,72,74,78,111,133,144,150,
　　　　153,160,164,170

[あ行]

アウトソーシング ……………………………………………………………… 242
安全と安定の欲求 ……………………………………… 228,231,232,243,244

索 引　251

アントレプルヌール …………………………………………9,81,96,97,99,100
生きる力 …………6,28,66,160,165,166,195,196,206,208,242,244,245
インターンシップ ……………………………………………………208,210,213
インプリンティング ……………………………………………………45,80,247
e-コマース
　　　17,38,40,50,56,59,69,108,110,118,143,144,146,148,157,171,
　　　173
e-ビジネス
　　　17,38,40,50,51,59,69,108,111,118,143,144,148,153,171,173
宇宙ビジネス ………………………………………………71,112,114,134
エンパワーメント ………………………………………………………195
エンプロイアビリティ ………………………………87,159,179,212,217,218
AO入試 …………………………………………………………193,202,239
卸・小売業 ………………………………………………29,53,54,59,61,72,74,164
オープンネットワーク ………………………………………40,57,82,167

[か行]

カウンターベイリング・パワー ………………………………………………54
科学的経営法 ……………………………………………………………149
学習指導要領改訂
　　　5,14,17,26,27,36,42,45,47,49,50,51,52,62,71,72,108,113,116,
　　　117,123,125,127,129,130,131,132,134,135,137,138,150,164,
　　　171,172,173,174,220
学校教育法
　　　4,15,60,64,74,77,120,154,155,162,163,168,183,198,199,200,
　　　205,206,207,246
起業家精神 ………………………………………26,34,72,82,96,113,139,220
期待革命 ……………………………………………………………88,92,211
規模の利益 ………………………………………………………………40
キャリア教育
　　　6,136,155,176,177,180,181,183,184,187,188,190,191,192,
　　　194,195,196,197,198,199,200,204,205,206,207,208,209,210,
　　　211,213,241,244
教育課程の弾力化 ………………………………………………………105
教育基本法

　　　　4,15,25,60,64,74,77,78,84,89,98,120,154,159,162,163,181,
　　　　195,198,205,206,241
教育の根本ロジック ……………………………………………………165,221
教育の適時性 ……………33,36,44,45,75,80,81,82,166,177,178,246,247
競争優位の原則 ………………………………………………………………85
クラーク ………………………………………………………………26,36,103
グローバルパーチェシング …………………………………84,95,151,152,153
経営管理 …………………………………13,49,101,102,107,125,146,148,149
経営資源 …………13,16,41,42,55,59,70,78,111,116,133,134,136,158
経営戦略 ………………………………………………38,109,119,144,148,151
計画的陳腐化 ……………………………………………………………88,93
経済主体
　　　　17,45,46,47,48,61,62,63,71,72,77,78,96,142,161,171,172,177
経済成長
　　　　3,4,5,6,20,21,27,32,48,49,53,77,83,101,102,112,125,143,147,
　　　　165,186,217
経済の暗国大陸 ………………………………………………………53,157
経済のサービス化 ………………………………………………………203
経済のソフト化 ………………28,87,92,104,106,129,130,131,178,241,242
経済白書 ……………………………………………………48,53,98,120,122,156
コアカリキュラム ……………………………………………………………230
コアコンピタンス ………………………………………………65,69,169,170,172
高学歴社会 ………………………………21,30,32,60,67,76,180,200,211,223,233
高等学校学習指導要領改訂
　　　　5,17,49,62,108,123,125,127,129,131,134,150,171
　　昭和25年 ……………………………………………………*120,121,122,123*
　　昭和31年 ……………………………………………………*53,122,123,156*
　　昭和35年 ……………………………………………………………*123,125*
　　昭和45年 ……………………………………………………………*125,129*
　　昭和53年 ……………………………………………………………*105,127*
　　平成元年 ………………………………………………………*107,129,130,131*
　　平成11年 …………………………………………………*17,108,110,131,132,134*
　　平成21年 ……………………………………………………*99,110,114,134,150*
高度情報化 ……………………………………………………………131,143
購買代理人 ………………………………………………………………40
小売業 ……13,15,16,17,18,19,27,29,33,34,37,38,39,40,41,42,46,47,51,

索　引　253

52,53,54,55,56,59,61,70,72,74,78,83,84,85,90,93,95,108,109,111,112,117,118,119,133,134,136,137,141,142,143,144,145,146,147,148,149,150,151,152,153,154,157,158,160,161,164,167,170,171,172,173,219,222,249

国内総生産 …………………………46,47,48,60,61,66,85,87,115,171,248
個性重視の原則 …………………………………………………………………
74,89,130,180,181,187,188,196,197,202,220,225,230,242,247
個性値 ……………………………………………………44,45,220,247
コミュニケーション・スキル ………………………………66,94,95,160
コンセプト ………………………………………………………………………
5,6,15,17,34,41,42,50,54,55,56,59,60,62,69,70,71,73,78,108,112,133,134,136,160,161,164,167
コンビニエンスストア ……………………41,54,58,70,84,147,149,150,151
豪商……………………………………………………………81,96,139,247,249

［さ行］

才覚 …………………………………………………………………………………
16,22,31,35,37,43,44,45,66,75,79,80,81,82,86,97,113,138,139,167,178,189,194,219,222,233,240,247,249
産業構造 …16,17,21,24,28,30,36,46,48,60,61,62,77,102,110,111,115,125,127,128,131,143,148,156,161,166,167,169,178,180,217,218,242
産業資本……………14,16,59,72,78,85,140,141,142,144,158,169,170
産業の情報化 ……………………………………………………………130
サービス経済化……………………………………………………107,167
サービス産業……………………………………………………………130
「仕事術」………………………………………6,31,35,137,138,159,219
生涯学習 ………………………………25,36,75,108,160,166,196,246
小学科 ……………………………………………………………49,103,127
商業教育の集約化 ………………………………………………………50
商業教育の多様化 ……………………………………………………49,129
商業資本 ……………………………13,14,16,59,72,78,85,140,141,158
商業人 ……………………………………………………………………………
26,27,31,42,72,73,74,80,90,99,103,114,119,125,135,138,165,

項目	ページ
	167,178,247
商業のミッション	72
商業ビジネス	15,23,38,50,58,61,69,71,72,78,79,81,82,83,86,108,112,116,134,161,162,164,167,170,180
商業利潤	29
商行為	46,59,77,79,95
承認の欲求	228,231,232,233,243,244
商品調達機構	84,95
職業観・勤労観	180,181,194,214,217,246
職業選択	4,181,199,212,213,246
職業的自立	136,176,177,178,210,214,247
所属と愛情の欲求	228,231,232,243,244
新規高卒者	6,21,23,24,35,69,214
新・流通革命	5,52,54,55,158
進路指導	6,7,30,77,97,199,211,213,214,216,217,218,219,220,224,225,229,231,233,234,236,246
進路選択	179,214,222,224,233,234,240,246
自己実現	9,31,36,45,64,75,86,132,162,178,180,184,190,193,198,204,205,210,213,218,220,224,225,226,227,228,229,230,231,232,235,236,239,240,242,243,244
自己責任の原則	187,188,197,225,240
自己探求	220,221,224,225,229,242
受注生産	16,34,38,110,111,144,153
情報システム	87,146
情報テクノロジー	14,17,21,28,38,41,50,52,57,58,69,70,90,107,108,110,131,136,137,157,158,164,167,173
情報の産業化	130
推薦入試	156,193,202,237,239
スペシャリスト	21,23,24,25,28,33,34,35,41,45,68,69,75,78,90,108,112,136,154,156,159,160,166,175,217
スーパーチェーン	18,54,57,107,147,149

| 成熟社会 | 21,60,64,87,91,217,224,232 |

成熟消費時代 ……………………………… 13,28,61,117,118,148,170
製造業 …………………………………… 27,38,47,51,61,90,115,133
製造小売業 ……………………………………………………………
　　13,15,16,18,19,29,33,34,38,39,40,41,42,51,52,54,55,59,70,72,
　　78,90,108,109,111,112,117,118,119,133,134,136,137,
　　144,145,149,153,158,160,161,164,167,170,172,173
製造販売会社 ………………………… 16,34,59,78,111,136,173
成長欲求 …………………… 227,228,229,230,231,232,233,243,244
生理的欲求 …………………………… 227,228,231,232,243,244
セブン＆アイHD ………………………… 29,37,41,43,52,55,219,249
セルフコントロール ……………… 192,193,194,209,234,239,240
先見性 …… 14,16,22,43,66,75,79,80,81,86,96,97,106,113,139,178,179,
　　194,200,213,219,240,247
先端技術 …………………… 13,16,50,64,65,87,106,107,110,129,159,178
ソフトパス ……………………………………………………… 131,170

[た行]

大衆消費市場 …………………………………………………… 142,143
大量消費時代 ……………………………………………………… 53
大学進学率 ………………………………………… 101,120,186,200,201
ダイレクト・モデル ………………………………………………… 59
チェーンストア理論 ………………………………………………… 18,148
知識基盤社会 …………………………………………………………
　　4,60,64,65,67,75,108,156,159,166,167,185,190,191,197,200,
　　218,235,241,242,245
知識集約化 ………………………………………… 36,87,128,130,208
知能指数 …………………… 6,30,31,37,38,43,44,159,219,222,249
知能と職業のマトリックス ……………………………………… 224
地方創生 …………………………………………………… 24,27,81,249
チャレンジ精神 …………………………………………………… 44,45,222
適時性 ……………………………………………………………………
　　33,36,44,45,75,80,81,82,91,97,156,159,166,168,177,178,208,
　　209,246,247
デジタルネットワーク ………………………………………………… 56

項目	ページ
問屋制家内工業	140
問屋無用論	146
独立自尊	31,90,165
ドメイン	17,59,61,62,65,71
ドル・ショック	49,104,127

[な行]

項目	ページ
ナショナルブランド	152
人間的偏差値	44,45,97,194,213,247
ニート	88,90,92,181,187,188,191,196,197,204,208,210,211,215,216,224,228,233,241,242
ネット販売	56,57,58

[は行]

項目	ページ
販売促進	118,146,150
ハードパス	86,131,170
バイイングパワー	154
バイオテクノロジー	129
パラダイム・シフト	5,8,38,84
百貨店	29,41,54,55,57,58,103,107,137,150,151
ビジネス活動	14,26,42,51,59,62,63,69,70,74,75,78,94,113,134,160,167,172
ビジネス教育	14,51,52,108,112,116,134,247,253
ビジネスコンセプト	5,6,8,9,50,108
ファイティングスピリット	192,193,194,209,234,237,239,240
フォーカス	10,14,18,26,27,117,168
付加価値	29,34,41,110,128,131,133,169,173
フリーター	88,90,92,181,187,188,191,197,204,208,210,211,215,216,224,228,233,241,242
プライベートブランド	18,52,55
プロテスタンティズムの倫理	86,91,92,211,215,245
偏差値	6,30,33,35,44,45,58,68,76,77,89,97,155,168,179,180,186,187,188,189,190,191,194,195,196,197,198,199,202,204,206,212,213,219,222,225,230,233,235,240,246,247,249
偏差値偏重の教育	33,58,168,199,206,225,249

飽和状態 ……………………………………………… 87,88,92,211,215
ボーダレスワールド ………………………………………………… 196
ポジショニング ……………………………………………………… 39,41

[ま行]

まちづくり3法 …………………………………………………… 174,175
マンパワーポリシー ………………………………… 101,103,126,186
マーケティング ……………………………………………………………
　　　13,28,29,34,42,69,82,88,103,111,118,119,133,149,150,160,
　　　169,172
　　マーケティング戦略 ……………………………… *28,82,149,150*
　　マーケティング力 …………………………………………… *29,149*
マーチャンダイジング ……………………………………………… 118,148
ミスマッチ …………………………………… 204,212,218,224,242
メカトロニクス ……………………………………………………… 128,129

[や行]

ユニクロ …………………………… 16,31,37,55,74,84,90,133,153
欲求階層説 …………………………………………… 226,227,231,244

[ら行]

ライフスタイル ……………………………………………… 21,40,91,184
ライフステージ …… 33,45,67,80,81,97,168,176,178,213,234,246,247
ライフデザイン ………………………………………………………… 32
楽天市場 ………………………………………………………………… 56
流通革命 ………………………… 5,19,52,53,54,55,58,145,146,156,157,158
流通機構 …… 42,46,51,52,61,74,85,109,142,143,148,157,158,161,171
流通起点 …………………………………… 111,117,148,149,150,170,173
流通経済 …………………………………………………………… 131,133,164
流通産業 … 5,17,18,19,27,31,33,34,37,39,42,52,58,61,71,72,91,95,96,
　　　100,107,111,117,118,119,134,136,137,138,139,141,142,143,
　　　144,145,146,150,161,162,164,174,175,222
倫理観 …………………… 26,48,51,62,63,71,72,94,113,133,134,135,174
累積成長率 ……………………………………………………………… 20

ロジスティクス……………………………………………152,172,173

[わ行]

ワーカー……………………………………………………………103

椎谷福男 しいや ふくお

1933年	新潟市に生まれる。
1959年	早稲田大学大学院経済学研究科（経済理論専攻）修士課程修了。早稲田大学生産研究所研究員。
1960年	新潟県立吉田商業高等学校教諭、新潟県立三条商業高等学校教諭、新潟県立塩沢商工高等学校教頭、新潟県教育庁高等学校教育課指導主事・副参事、新潟県立長岡商業高等学校長、新潟県立新潟商業高等学校長。
1993年	新潟中央短期大学助教授、教授。新潟経営大学教授を務め、現在、新潟経営大学名誉教授。日本商業教育学会新潟支部顧問。

主な著書　「中小企業論」文化印刷社、1976年
　　　　　「商業教育用語辞典」（共著）多賀出版、1982年
　　　　　「経済の基礎」野島出版、2006年
　　　　　「新・地場産業論」野島出版、2007年
主な論文　「経済発展と商業教育の現代的意義」日本商業教育学会商業教育論集、1992年
　　　　　「国際地場産業論構築への試論」新潟経営大学紀要、1997年
　　　　　「イノベーションと地場産業の発展」新潟経営大学紀要、1999年
　　　　　「地場産業における企業戦略の展開」新潟経営大学紀要、2001年
　　　　　「新地場産業論序説」新潟経営大学紀要、2002年
　　　　　「商業教育からビジネス教育への視点」日本商業教育学会商業教育論集、2011年
　　　　　「現代商業教育の座標軸」日本商業教育学会商業教育論集、2013年

商業教育を学ぶ

2015年12月23日発行

著　者　椎谷福男
発行者　馬場信彦
発行所　株式会社　野島出版
　　　　代表取締役　馬場俊二
　　　　〒955-0062　新潟県三条市仲之町1番7号
　　　　電話（0256）34-3592　FAX（0256）35-1350
　　　　Ⓒ2015 Fukuo Shiiya
　　　　ISBN978-4-8221-0241-8 C3037

落丁・乱丁はお取り替えいたします。定価はカバーに記載してあります。
本書の無断複写・複製（コピー）は著作権法上での例外を除き禁じられています。また、代行業者等に依頼しての電子複製・デジタル化はいかなる場合も一切認められておりません。